Memoranda

J. BARBEY D'AUREVILLY

Memoranda

« On vit des siècles,
« une fois réunis. »
(Lord Byron.)

PRÉFACE DE PAUL BOURGET

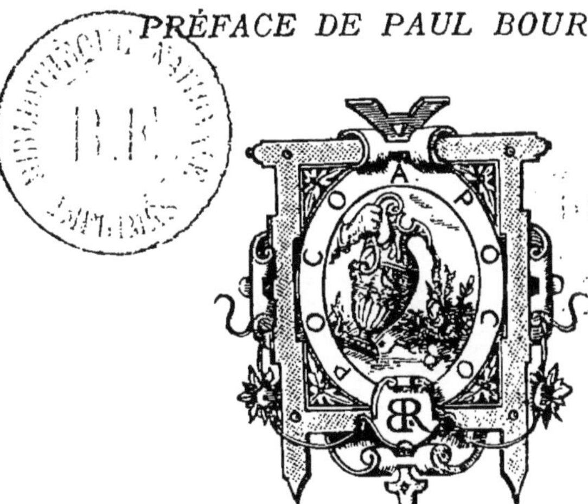

PARIS

ED. ROUVEYRE ET G. BLOND

Imprimeurs-Éditeurs

98, RUE DE RICHELIEU, 98

1883

Les deux cahiers de notes intimes aux-
quels M. Barbey d'Aurevilly a donné le titre
de *Memoranda*, et que le lecteur trouvera
réunis dans cette édition, se rapportent à
l'époque de sa vie d'écrivain qui fut le plus
féconde en œuvres. N'est-ce pas aux environs de ces années-là que la *Vieille Maîtresse* successivement et *L'Ensorcelée* et
les *Ricochets de Conversation*, — devenus
dans *Les Diaboliques* et après coup le *Dessous de cartes d'une partie de whist*, — furent publiés, — romans extraordinaires,
mais dont la vive originalité éclate aujourd'hui seulement à tous les yeux ? Alors

a

aussi se multipliaient d'innombrables articles
de critique. M. d'Aurevilly donnait chaque
semaine au journal *le Pays* une étude littéraire sur un des livres parus de la veille. Ces
études ont été réunies en plusieurs volumes
— et la série reste à continuer — sous la
désignation : *Les œuvres et les hommes*. Deux
éclaircies dans cette atmosphère chargée
d'œuvres, — quelques journées d'absence,
passées les unes dans une ville de Normandie
jadis habitée par l'auteur, les autres dans
un port voisin de l'Espagne, voilà toute la
matière des deux cahiers de notes que l'écrivain a griffonnées entre deux pages de ses
romans ou deux paragraphes de ses articles.
Mais dans ces notes il apparaît tout entier
comme Byron et Stendhal dans les leurs,
avec sa puissance extraordinaire d'expression, avec sa belle faculté de voir intense là
où d'autres verraient médiocre et de donner de l'esprit même aux plus menus détails

de la vie. — Et quel esprit !... Depuis Rivarol et le prince de Ligne personne n'a causé comme M. d'Aurevilly ; car il n'a pas seulement le *mot*, comme tant d'autres, il a le style dans le *mot*, et la métaphore, et la poésie. Mais c'est que toutes les facultés de ce rare talent se font équilibre et se tiennent d'une étroite manière et, même à l'occasion de ces feuilles légères des *Memoranda*, c'est ce talent tout entier qu'il faut évoquer.

M. d'Aurevilly ferme ses lettres d'un cachet sur lequel il a fait graver une devise, à la fois résignée et superbe, fière et vaincue : *Too late, trop tard !* Il prétend, lui, le courageux écrivain et qui n'a guère fait d'aveux plaintifs devant les autres, que ces deux mots contiennent l'histoire secrète de sa vie, et que tout lui est arrivé trop tard de ce qui, venu plus tôt, lui aurait comblé le cœur, — si le cœur peut être comblé ?

Trop tard ! Cette devise est-elle vraie des événements de cette vie? Il est malaisé d'en juger; car M. d'Aurevilly, au rebours de la plupart de ses contemporains et des plus illustres, n'a pas dévoilé dans des « *Mémoires* » ou des « *Confidences* » le roman de ses bonheurs ou de ses mélancolies, et un mystère demeure sur toute sa jeunesse, — sur la période surtout de cette jeunesse dont il ne reste aucune trace littéraire. Mais ce qui domine les faits matériels de notre vie, ce qui les crée même, en un certain sens, — car de ces faits rien n'existe pour nous que leur retentissement dans notre âme, — c'est notre Personne, et la devise du cachet de M. d'Aurevilly apparaît comme évidemment exacte pour qui connaît la *personne* qu'il est aujourd'hui, qu'il a dû être à vingt ans. Il offre un rare exemple, et d'un intérêt singulier de psychologie, de facultés qui n'ont rencontré ni leur milieu ni leur époque.

Il a eu, dès son adolescence où il vit Brummell, et il a conservé dans son âge mûr où
il connut d'Orset, le goût passionné de
l'aristocratie. Le dandysme, dont il a donné
une si piquante théorie et si juste d'analyse,
ne fut pas chez lui affaire d'attitude. Il en
aima la rareté, le quant à soi, l'impertinente
solitude, — car, être rare, se réserver, ne pas
se mêler à la foule, c'est de la quintessence
d'aristocratie. Le malheur est que, de toutes
les façons de sentir, l'aristocratique est
celle qui suppose le plus de conditions extérieures, et ces conditions ont manqué à
l'auteur de *Brummell*. Il n'a pas eu cette
arme de l'argent, laquelle a du moins ce
mérite de servir de bâton de longueur contre les promiscuités cruelles. Il lui a fallu
subir, avec une nature affamée de distinction, toutes les vilenies du métier : l'âpreté
des médiocres concurrences qui dégoûte
même du triomphe, l'exécution des beso-

gnes à jour fixe qui fait regretter même le
talent qui vous en rend capable, et, — pour
combler la mesure, — ce métier, ces concurrences et ces besognes, en pleine société
démocratique. Mais cet amour de la haute
vie et des élégances ambiantes n'est-il pas
commun à tous les poètes ? Est-ce autre
chose que le désir d'imprégner d'âme les
vulgarités nécessaires, et ne s'en guérit-on
pas, comme de toutes les nostalgies de
l'ordre physique, par le sentiment que la
matière n'est pas capable de suffire aux
exigences de l'esprit, si bien que réaliser
certains de ses rêves serait les diminuer ?
Un trait plus particulier de M. d'Aurevilly
et qui lui assigne une place spéciale parmi
les hommes de lettres de ce temps, c'est
qu'il était né et qu'il est resté fanatique de
l'action. Le caractère de ses personnages
préférés dans l'histoire, comme le caractère
de ses héros inventés dans le roman, attes-

tent ce fanatisme que son aspect volontiers martial ne dément point. Il a vécu cependant sédentaire, assez analogue par l'antagonisme de ses désirs et de ses habitudes à ces héritiers de familles ruinées que Walter Scott évoque au coin du foyer désert, sous le portrait d'un roi chassé et qui ne régnera plus, à l'ombre d'un blason qui va s'effaçant, et que nulle piété ne réparera. Était-ce par l'intuition d'une analogie pareille que Théophile Silvestre appelait M. d'Aurevilly de ce nom de *laird* si étroitement uni pour l'imagination au souvenir de l'héritier des Ravenswood? « Allons chez le *laird* », disait-il à leur ami commun Léon Gambetta, tout jeune alors et qui aimait à disputer avec l'extraordinaire causeur. Pourtant ils n'avaient guère d'idées du même ordre, lui, l'orateur méridional, lancé si hardiment en plein courant du monde moderne, et l'autre, l'écrivain solitaire, d'une

si invincible énergie de protestation contre
ce monde ! C'est que M. d'Aurevilly a encore exagéré par ses convictions acquises,
— cette seconde nature qui parfois contredit la première, parfois en redouble l'originalité native en la doublant de réflexion, —
le divorce qui le séparait de son époque.
Il est devenu catholique, et du catholicisme
le plus hautement proclamé, jusqu'à écrire
l'apologie des procédés inquisitoriaux, à
l'heure précise où la science contemporaine
paraît se résoudre dans le positivisme le
plus hostile à la tradition catholique. Abso-
lutiste et nourri de la moelle de la doctrine
de Joseph de Maistre, il a vu les monar-
chies s'écrouler, les théories issues de la
Révolution foisonner et grandir, la France
multiplier les essais de gouvernement par-
lementaire. Idéaliste dans son art comme il
l'a été dans sa vie, admirateur de Byron et
de Lamartine, il assiste aujourd'hui à l'avè-

nement de la littérature documentaire. Rarement antithèse plus étrangement et plus complaisamment prolongée n'a isolé davantage un homme dans les partis pris de son orgueil et de sa chimère. Faut-il voir dans cet isolement l'inévitable effet de causes lointaines et faire intervenir ce mot si commode et qui rend compte de tant de mystères : l'Atavisme ? Faut-il attribuer à une destinée d'exception le développement dans un sens inattendu de facultés déjà par elles-mêmes exceptionnelles ? De longues années de jeunesse passées en province à tuer l'ennui à force de songes ; d'autres, plus douloureuses, passées à Paris aux aguets d'une occasion d'employer tout son mérite, qui n'est pas venue ; les injustices de la critique et les misères de la publicité, rendues plus dures par la hauteur d'âme, — voilà de quoi expliquer beaucoup de froissements, par suite beaucoup de résolutions de farouche indépendance. Quoi qu'il en soit des causes dont ces habitudes ont été l'effet visible, il est certain que, pareil à ce lord Byron qu'il aime tant, M. d'Aurevilly aura vécu dans notre dix-neuvième siècle à l'état de révolte permanente et de protestation continue. Seulement Byron retranchait ses dégoûts derrière sa pairie et ses quatre mille livres de revenu, et M. d'Aurevilly a dû conquérir son indépendance avec sa plume et son encrier. Il n'a pourtant pas accordé une concession de plus à la société que le châtelain de Newstead-abbey; c'est une destinée moins romanesque peut-être, mais, pour qui comprend tout le sens du mot, aussi poétique, sinon davantage.

C'est le caractère étrange de cette destinée qu'il faut apercevoir pour juger l'œuvre écrite de M. d'Aurevilly du point de vue exact, et pour en pénétrer la secrète logique. Il y a une question à se poser devant toute existence consacrée aux lettres? Quelle sorte de volupté l'écrivain leur a-t-il demandée, à ces lettres complaisantes? Car elles se prêtent à toutes les fantaisies, et pourvu qu'on les aime de tout son cœur elles consentent qu'on les aime de bien des amours divers. Beaucoup d'auteurs exigent d'elles une gloire immédiate. Ils veulent exprimer leur époque et devenir, comme Latouche le disait finement de Madame Sand, « un écho qui double la voix de la foule ». C'est une conception qui convient à des âmes communicatives, faciles et chaudes, et il y a des règles d'esthétique qui lui correspondent. S'il veut réaliser cette ambition d'être l'orateur et le héraut acclamé de son temps, l'écrivain doit avoir un style de transparence et de bonne humeur. Une certaine largeur d'humanité, l'acceptation des formes à la mode, même des préjugés reçus sont aussi nécessaires. Cet écrivain-là comprend

et pratique avec naïveté la formule ironique
du moraliste : « C'est une grande folie que
d'être sage tout seul. » On peut, quoi qu'il
en semble aux apôtres de l'art dédaigneux,
penser ainsi et composer des chefs-d'œuvre. La preuve en est dans Molière et dans
George Sand elle-même. Il est une autre
race d'homme de lettres dont Flaubert fut,
de nos jours, le type achevé, qui reporte sur
les initiés seuls ce culte pieux que les premiers accordent à la foule. Ceux-ci sont des
hommes d'étude et de raffinement. Ils s'em-
prisonnent dans l'ombre d'une école. Ils
évitent la brutale lumière et ne travaillent
qu'avec la sensation des yeux aigus des
juges fixés sur eux. Quels juges ? Leurs
confrères vraiment avertis des plus délicats
secrets de la composition, les connaisseurs
scrupuleux qui sont capables d'apprécier la
valeur d'une syllabe mise à sa place et les
insuffisances d'une métaphore manquée.

Cette préoccupation, qualifiée de byzantine
par les malveillants, aboutit volontiers à une
littérature hiératique et sibylline, dans laquelle la science accomplie des procédés
techniques s'accompagne d'un mépris trans-
cendantal pour la simple émotion et l'élo-
quence spontanée du cœur. Toutes les épi-
grammes dirigées contre ce byzantinisme
n'empêcheront pas la *Tentation de saint
Antoine* d'être un livre supérieur. — Il
est enfin un troisième groupe d'artistes
pour lesquels écrire est une façon de vivre,
et rien de plus. Ceux-là n'ont d'autre but
que d'aviver avec leurs propres phrases la
plaie intérieure de leur sensibilité. La réalité leur est douloureuse. Elle les opprime,
elle les blesse. Leur âme ne rencontre pas
dans le cercle de circonstances où cette réalité l'emprisonne de quoi satisfaire son
appétit d'émotions grandioses et intenses.
Ils demandent aux mots et à la sorcellerie

de l'art ce que les Orientaux obtiennent par le haschisch, ce que l'Anglais de Quincey se procurait en appuyant sur ses lèvres sa fiole noire de laudanum, un autre songe des jours et une nouvelle destinée. C'est leur vengeance à la fois et leur affranchissement que la littérature : leur vengeance, car ils attestent ainsi que le sort fut injuste pour eux et qu'ils ont été, comme dit magnifiquement un ancien, « humiliés par la vie... »; — leur affranchissement, car ils conquièrent ainsi une excitation qui efface en la dépassant l'empreinte de la haïssable réalité. A ce groupe d'écrivains par désir passionné *d'être ailleurs* appartenait ce même Byron qu'il faut nommer sans cesse lorsqu'on parle de M. d'Aurevilly, — lequel composa la *Fiancée d'Abydos* en quelques nuits, afin de chasser des fantômes, qui sont toujours revenus. A ce même groupe, ce furieux duc de Saint-Simon, qui, rentré de la cour et le fiel crevé,

couvrait de sa large écriture les énormes
feuilles de papier de ses *Mémoires*, pour devenir, de par la magie de sa propre prose et
pendant ces heures de travail, l'homme d'É-
tat qu'il ne pouvait être qu'alors... Il jugeait
ministres et ambassadeurs. Il disait les causes profondes de l'avilissement public. Il
prévoyait les inévitables catastrophes. Il
découvrait la gangrène des infamies, et dé-
maillotait de leurs langes blasonnés les
âmes pourries des courtisans et des prin-
ces. Puis cette plume réparatrice une fois
posée, cet encrier vengeur une fois fermé,
il fallait reprendre le collier de médiocrité,
subir la superbe de Louis XIV, l'insolence
des bâtards, la lâcheté du régent, l'infamie
de Dubois, et faire politesse à la honte,
quoi qu'on en eût. Au même groupe appartient M. d'Aurevilly. Comme à Byron, comme
à Saint-Simon, la littérature lui a été la fée
libératrice et qui console de tout. Les con-

tradictions dont il a souffert se sont réso-
lues, les avortements de son destin se sont
réparés, les crève-cœur de ses désespoirs
se sont soulagés lorsqu'il a écrit. Ce beau
vers de son mince recueil de poésie,

L'Esprit, l'aigle vengeur qui plane sur la vie,

pourrait servir d'épigraphe à ses moin-
dres volumes comme à ses plus importants,
— comme à ses lettres familières, comme
aux *Memoranda* qui suivent cette rapide
préface. Qu'importe que le lecteur s'épou-
vante de ces orgies d'images, de ces vio-
lences d'invention, de ces audaces de style,
puisqu'il a du moins atteint son but, puisqu'il a été *Lui-Même*, avec la pleine expan-
sion de tout l'intime de sa personne, durant
les trop courtes heures qu'il a dépensées à
écrire ces pages?

C'est à cause de cela qu'il n'y a rien de
moins factice que de tels livres, bien que la

rêverie en soit très intense, la rhétorique très violente, et l'impression si souvent étrange. Quand cet homme vous raconte le détail des excessives passions de Ryno de Marigny (la *Vieille Maîtresse*), ou qu'il évoque devant vos yeux la face cicatrisée du gigantesque abbé de la Croix-Jugan (*L'Ensorcelée*), croyez qu'il ne se propose pas de vous étonner par l'inattendu de sa fantaisie. Vous êtes parfaitement absent de sa pensée, vous, le lecteur futur du roman, à l'heure de nuit où, fenêtres closes, bougies allumées, cet alchimiste élabore son grand œuvre à lui, qui vous intéressera ou non, — peu lui soucie. Vraisemblablement, il a débattu quelque affaire dans sa journée, où sa noblesse native s'est irritée; il a lu des articles qui l'ont excédé, entendu des paroles qui l'ont écœuré, aperçu des visages qui l'ont dégoûté, deviné des sentiments qui l'ont indigné. Ces basses misères de la quo-

tidienne expérience s'évanouissent et, le
Sésame, ouvre-toi de l'imagination à peine
prononcé, voici que la caverne magique
dévoile ses enchantements. Le romancier
voit Marigny, il *voit* Vellini la Malagaise, il
voit Jehoël de la Croix-Jugan. Est-il encore un univers de sensations vulgaires
et de médiocres destinées ? Il n'en sait
plus rien, absorbé qu'il est dans ses
personnages. Oui, *ses* personnages au
sens littéral du terme; car il les a projetés
hors de son cerveau, — comme le Jupiter
de la Fable la guerrière Minerve, — engen-
drés et nourris de la plus pure substance de
son être. Il a imaginé, comme les croyants
prient, comme les amants se plaignent, par
un impérieux besoin de *sfogarsi*, pour employer une tournure italienne, chère à Beyle.
Pareillement, si chaque phrase de ces tra-
giques récits est chargée jusqu'à la gueule,
comme un tromblon de giaour, avec tous

les mots énergiques du dictionnaire ; si l'*expression* est ici portée à son extrême degré
de vigueur, ne croyez pas que ce soit là un
artifice d'industrieux ouvrier de prose. L'auteur n'a point fait besogne de rhétorique.
Cette furie du langage est, à sa manière,
une furie d'action. Pour cet écrivain comme
pour tous ceux qui ont un style, les mots
existent d'une existence de créatures. Ils
vivent, ils palpitent, ils sont nobles, ils sont
roturiers. Il en est de sublimes, il en est
d'infâmes. Ils ont une physionomie, une
physiologie et une psychologie. Dans le
raccourci de leurs syllabes que ne tient-il
pas d'humanité ! En un certain sens, écrire
est une incarnation, et l'esprit d'un grand
prosateur habite ses phrases, comme le
Dieu de Spinoza habite le monde, à la fois
présent dans tout l'ensemble et présent
dans chaque partie. Quoi d'étonnant si le
romancier de la *Vieille Maîtresse* et des

Diaboliques s'est fait une prose à la fois violente et parée, aristocratique et militaire, comme il aurait souhaité que fût sa propre vie? Que dis-je? Il ne s'est pas fait cette prose, il a seulement noté la parole intérieure qu'il se prononce à lui-même dans la solitude de sa chambre de travail, et la parole improvisée qu'il jette au hasard des confidences de conversation. J'ai bien souvent remarqué, au cours de mes entretiens avec lui, — un des plus vifs plaisirs d'intelligence que j'aie goûtés, — cette surprenante identité de sa phrase écrite et de sa phrase causée. Il me contait des anecdotes de Valognes ou de Paris avec cette même puissance d'évocation verbale et la même surcharge de couleurs qui s'observe dans ses romans. Il s'en allait tout entier dans ses mots. Ils devenaient lui, et lui devenait eux. Je comprenais plus clairement alors ce que la littérature a été pour cet homme dépaysé et quel *alibi* sa mélancolie a demandé à son imagination. De là dérive, entre autres conséquences, cette force de dédain de l'opinion qui lui a permis de ne jamais abdiquer devant le goût du public. Il admire beaucoup ce titre d'un poème de Lamartine : *le Génie dans l'obscurité.* Cette admiration est de bonne foi, et je ne serais pas étonné qu'aimant les lettres de l'amour que j'ai dit, non seulement les insouciances de la renommée à son endroit l'aient trouvé indifférent, mais encore qu'il s'en soit presque réjoui aux heures d'entière sincérité.

Donc sa littérature a été pour M. d'Aurevilly un songe réparateur. Mais, en dépit d'un proverbe fameux, tous les songes ne sont pas des mensonges, et quand le songeur est un moraliste et un psychologue, il n'est pas bien malaisé de déterminer, dans l'arrière-fond de sa rêverie, les éléments

d'expérience qu'il a combinés, exagérés parfois, parfois déformés, et qui demeurent
pourtant invinciblement solides et réels, —
comme la matière brute sur laquelle travaille
un sculpteur. Il y a dans une lettre de Stendhal à Balzac une phrase significative et qui
marque bien quel procédé de métamorphose
emploient à l'égard de leurs observations
ces alchimistes de l'âme humaine qui sont
les grands romanciers : « Je prends, dit
l'auteur de *Rouge et Noir*, un personnage de
moi bien connu, je lui laisse les habitudes
qu'il a contractées dans l'art d'aller tous les
matins à la chasse du bonheur, *ensuite je
lui donne plus d'esprit.* » Le *plus d'esprit*
devient pour un d'Aurevilly un *plus de passion*, mais le procédé reste sensiblement
analogue. Il est d'ailleurs aisé, pour qui
connaît un peu les circonstances de la jeunesse de M. d'Aurevilly, de faire un départ des sources diverses qui ont nourri de

réalité son imagination. Il a vécu tout enfant, et même adolescent, dans la vieille
ville de Valognes et il a connu les survi-
vants des terribles guerres de la chouannerie du Cotentin. Il a entendu ces hommes raconter les actions qu'ils avaient faites
de ces mêmes mains qu'ils chauffaient
maintenant au feu des veillées d'hiver. De
cette impression première, demeurée inef-
façable sur son souvenir, M. d'Aurevilly a
tiré *L'Ensorcelée* et le *Chevalier Des Touches*. Il a vu, à cette même époque, les
jeunes nobles de sa province et les anciens
soldats de l'Empire tuer les loisirs forcés
de leur stagnante existence par toutes sortes
d'excès de jeu, d'amour dangereux et de
conversation. Il s'est souvenu de ces nobles
et de ces soldats lorsqu'il a écrit le *Bonheur
dans le crime*, le *Dîner d'athées* et le *Dessous de cartes d'une partie de whist*. Puis
il est venu à Paris, et les observations de sa

vie mondaine ont abouti à *L'Amour impossible*, à *La Bague d'Annibal*, à la *Vieille Maîtresse*, au *Plus bel amour de don Juan*, comme les heures de mysticisme qu'il a traversées sous une influence de femme se sont résumées dans le *Prêtre marié*. Je citais tout à l'heure le nom de Quincey, le mangeur d'opium. Ce singulier analyste de son propre vice, et si perspicace, avait reconnu que ses visions les plus effrayantes et les plus ravissantes, les plus démesurées et les plus surhumaines dérivaient toutes des sensations environnantes, que l'ivresse transformait en les amplifiant et les interprétant d'une manière grandiose. — Vérité acquise aujourd'hui à la science des poisons de l'intelligence. La littérature a son ivresse aussi qui ne fait qu'interpréter et amplifier les sensations que l'écrivain a subies. Mais cette transformation-là s'appelle le talent.

Ce qui fait l'intérêt psychologique de ces *Memoranda*, c'est précisément qu'on assiste à ce travail de métamorphose. On y peut saisir à plein comment chez M. d'Aurevilly les impressions *s'écrivent*. Ce livre, qui n'est pas un livre, me séduit par ce charme d'une nuance si fine. Il laisse voir la minute où l'homme va devenir l'auteur, où la réalité se change en poésie, où l'observation se double de rêve. Et le rêve est si naturel à M. d'Aurevilly que le moindre événement l'y conduit par une invincible pente. Une enfant s'endort à son côté dans une diligence, et la Léila de Byron lui apparaît (p. 6). Il regarde le vent frapper des arbres : « Il sabrait les ormes comme avec un bancal et *leur hachait leur beau visage de verdure nuancée* », dit-il (p. 41). Et ailleurs sur la pluie : « Ne sommes-nous pas en Normandie, la belle *Pluvieuse, qui a de belles larmes froides sur de belles joues*

fraîches? J'ai vu des femmes pleurer ainsi »
(p. 12). A chaque page c'est ainsi un au
delà entrevu derrière la vibration présente
des nerfs et du cœur. C'est que M. d'Aurevilly est, au plus beau et au plus exact
sens de ce mot, un poète, — un créateur.
Même sa poésie est aussi voisine de celle
des Anglais que sa Normandie est voisine de
l'Angleterre. L'an dernier, comme j'allais en
ligne directe de Caen à Weymouth par
Cherbourg, j'avais un plaisir de voyageur à
constater l'extraordinaire ressemblance des
paysages. Cette ressemblance est-elle des-
cendue jusqu'aux âmes? Je le croirais, à
sentir combien le rêve d'un Quincey ou
d'un Carlyle est voisin du rêve d'un Normand de race pure, comme M. d'Aurevilly.
C'est un trait encore à joindre aux traits
que j'ai notés, et qui explique pourquoi
l'accord intime n'a jamais pu se faire entre
ce noble écrivain et notre dix-neuvième

siècle français[1]. Apre et solitai re destinée,
mais à laquelle M. d'Aurevilly aura dû de
séjourner dans un monde de visions magnifiques, et de conserver une superbe
intégrité de sa pensée ! — Est-ce qu'un
homme fier peut souhaiter davantage ?...

PAUL BOURGET.

Mai 1883.

1. Je note encore (p. 45) dans le *Memorandum* de
Caen : « Roman, impressions écrites, souvenirs, travaux, *tout doit être normand pour moi et se rattacher à la Normandie.* »

I

Voici qui paraîtra une inconséquence à la tête de ce petit volume, — la plus grande fatuité, en fait de femmes, comme en fait de voyages, serait de n'en parler jamais.

II

On ne serait pas voyageur, si l'on était encore plus aristocratique que l'on n'est. Il y a quelque chose de démocratique en effet dans les voyages, un amour secret des majorités.... qu'il faut mépriser.

III

Mais ici c'est moins deux voyages que deux séjours.

PREMIER

MEMORANDUM

Le 28 septembre 1856, à Caen.
Hôtel Lagouelle.

Trébutien veut que je lui fasse un *Memorandum de tous les jours* que je passerai à
Caen, et, pour moi, ce que *Trébutien veut,
Dieu le veut!* Je recommence donc pour lui
ce que j'avais fait pour Guérin à une autre
époque. — Avant de quitter Paris et de m'en
aller en Normandie, je m'étais promis de
faire aussi de mon voyage un *Memorandum*
pour *celle* que je nomme l'ANGE BLANC;
je l'ai commencé, mais il est resté à la seconde page. — Sont-ce les absorptions par
la famille, les visites, les interruptions de
toute sorte, si *naturelles* quand on revient

1

dans son pays après longtemps, qui m'ont empêché de continuer ce *Memorandum?...* Il y a eu de cela certainement, mais ce n'a pas été *toute la cause* de ce délaissement d'un projet qui *m'avait plu*, parce qu'il *plaisait* à l'*Ange Blanc*. — La *cause* est plus profonde. Elle tient à l'état même de mon âme et des choses. — Avec l'*Ange Blanc*, tout tourne à la lettre. Un *Memorandum* des choses passées, — cette sépulture de chaque parcelle de vie, car, ici, nous nous enterrons en détail, — s'efface sous l'omniprésence des sentiments. Au lieu de penser le soir à la récapitulation des minutes de la journée et de leur emploi, on pense à *celle* pour qui l'on écrit, et c'est d'*elle* qu'on va parler, au lieu de *lui parler* d'autre chose. — L'amour est trop exclusif, trop impérieux, trop *jaculatoire;* il parle trop à la *seconde personne*, pour qu'avec lui le *Memorandum* soit possible. Il n'y a pas d'histoire en dehors de la femme aimée, et le *Memorandum* est une histoire... L'amitié, au contraire, est la vraie confidente du *Memorandum*. Elle est calme et vous laisse calme. Elle a des intérêts en dehors d'elle-même, tandis que l'amour n'en a pas. L'âme ne monte pas, chez elle, par-dessus l'intelligence. Elle sait regarder, écouter et tourner le *globe terrestre* d'un *Memorandum* dans ses mains impartiales, tandis que l'amour ne sait que se regarder dans les yeux qu'on aime. Le *Memorandum* appartient donc exclusivement aux amis. Lord Byron, qui s'est tant exprimé et tordu l'âme dans des *Memoranda*, les adresse à lui-même (son meilleur ami, que *je crois!*), ou à Hobhouse, ou à sa sœur. — Il n'y en a pas un *seul* à une des femmes qu'il a aimées. *It is not singular!* — Il sentait le *vrai* que je viens d'indiquer.

Aujourd'hui, arrivé à CAEN, à cinq heures du matin, par une pluie d'*abat*, car elle était mêlée d'un vent à tout abattre, — une pluie *trombale!* — J'étais, hier, parti d'Avranches à deux heures et demie. J'étais dans le coupé de la diligence avec deux femmes, l'une petite fille encore (mais il n'y en a plus, de petites filles, l'espèce en est perdue ; il n'y a plus que des *petites femmes*, comme dit ce déplaisant esprit d'Alphonse Karr, qui ren-

contre quelquefois très juste), et l'autre trop
femme, car elle commençait à se passer. Il y
avait aussi une poupée, que la petite fille a
habillée, déshabillée, *coiffée de nuit*, en me
regardant de côté avec de longs regards
obliques, et qu'elle a mise à dormir dans le
hamac de son chapeau, pendu au filet. —
C'était une fillette (non la poupée du chapeau,
mais l'autre!) qui s'en retournait à Saint-
Denys. — La femme qui l'accompagnait m'a
fait l'effet d'une institutrice *à gages*, ou de
bonne volonté. — Pas jolie! pâle, froide,
un peu guindée ; pas laide non plus, et plus
distinguée de physionomie que ne le sont
ordinairement ces sortes de femelles qu'on
appelle des *institutrices*, et qui n'*instituent*
guère que des ridicules ou des vices. —
Nous n'avons rien dit qu'après Vire, longtemps après Vire. — Je m'étais retranché
dans le plus superbe de mes silences. —
Elles ont *fait mine* de lire, et toutes les
autres mines que des créatures qui *veulent
être remarquées*, cette éternelle obsession et
tentation de la femme, savent déployer dans le
compartiment de voiture où l'on est *incrusté*

pour une dizaine d'heures! — D'Avranches à Vire, le paysage plantureux, très vert, chargé de grosses masses d'arbres, — un pays (encore tout à l'heure) à *coups de fusil*, si l'on en tirait. Mais, hélas! si l'on a *chouanné* là, on n'y chouannera plus! Royalistes, vous *n'irez plus au bois; les lauriers sont coupés*, comme dit la chanson! Je me demande comment s'appelleront les premiers partisans de la guerre civile de l'avenir?...

Relâché à Vire pendant une heure et demie, — *oimè!* — *Tout écrasait de pluie*, comme ils disent ici : énergique faute de français que j'aime! — Dîné seul au *Cheval-Blanc*, dans un désert de quarante couverts, rangés là... pour personne! — Remonté en voiture, — mes compagnes de route ont *coqueté* et *cacqueté* leur toilette de nuit, — elles se sont tapies et remuées dans leurs coins, comme des oiseaux au fond de leurs nids, et ont fini par attraper le sommeil à force de l'agacer, coquettes avec tout, ces diables de femmes, même avec le sommeil et son oubli! — N'ayant plus de paysage à observer, j'ai pensé à ma chère dormeuse de... et cherché, dans les vagues ombres de la route, des profils de toits — rapidement effacés — qui m'auraient rappelé le toit du..., cette couverture de ma vie ! — Les femmes, au bout de deux à trois heures, se sont réveillées, et la petite fille a eu deux ou trois jolis mouvements si naturels, que je me suis mis à causer avec cette *enfance* : —le naturel, vainqueur de tout ! — Ai demandé à cette petite si elle connaissait, à Saint-Denys, Mme de L... — M'a répondu par un *oui* bien étonné, et ce nom qui m'est cher (Trébutien sait pourquoi), a été l'anneau par lequel notre conversation a passé, comme un long mouchoir de soie qu'on enfile dans la bague d'une femme. La *dueña* est intervenue un peu trop tôt dans les babillages de l'enfant, attirée et bientôt familière ; — ma petite *Leïla* de voyage, mais que je n'ai pas emportée roulée dans mon portemanteau, comme Don Juan ! — Ma *Leïla*, à moi, — et dans un autre voyage, le voyage de la vie, — est une grande demoiselle de seize ans, rose comme Briséis, et qui me lasse l'épaule, que j'ai solide pourtant, quand elle y appuie sa grosse tête, *faite comme la mienne,* — prétend sa mère. Coquetterie charmante de maternité et d'amour ! Sorcellerie divine qui me force à me retrouver dans *sa* fille, puisqu'ELLE m'y voit, et, fat que je suis ! à *m'y* aimer !

Arrivé à *Caen,* — jeté au lit de suite, — et dormi jusqu'à huit heures. — Réveillé surtout par l'idée que j'allais trouver chez *Trébutien* une lettre de l'*Ange Blanc.* — Habillé, — traversé la place Royale, *mise en masque* par un baldaquin qui n'a pas de nom dans les langues humaines, et planté là en l'honneur des Bêtes ; car c'était un jour de fête à la manière municipale de cette fière ville, tombée comme toutes choses, et où l'on couronnait les plus gros lapins et les plus beaux bœufs qui *avaient peau.* — *Avoir peau,* expression mystérieuse que j'ai ouïe autrefois à mon oncle, le grand bouvier, *Jean-François-Frédéric Barbey d'Aurevilly,* le Rob-Roy du Cotentin ! — Il paraît que c'est la gloire des bœufs que d'avoir peau, quoique cela semble une nécessité pour tout le monde. — Dans leur langage absurdement romain, la fête d'aujourd'hui était

un *Comice agricole*. Ils ont beuglé, tambou-
riné et fait mille si affreuses piailleries sur
cette pauvre *place Royale*, que *Trébutien*,
que j'ai appelé tantôt, — comme l'*Ange
Blanc*, — *une sensitive violente et saignante*,
n'en est pas sorti! Nature esthétique, à qui
le laid ou le vulgaire fait aussi mal que la
morsure physique d'un acier!

Trouvé *Trébutien* dans sa cellule, — ce
grand moine du mépris, qui n'a de règle que
l'inflexibilité du sien pour les choses et les
œuvres du siècle, et qui s'est cloîtré si no-
blement contre lui! — Ai trouvé aussi ma
pâture de lettres. — Causé avec *Trébutien*,
toujours préoccupé de moi, de mes ou-
vrages, de mes lettres, et *méditant* des pu-
blications de tout cela comme il sait en
faire, lui, l'éditeur-artiste! — Il est bien
moine aussi par le *sentiment de l'éternité*,
car il le porte dans son magnifique et im-
muable sentiment pour moi. — Avons touché à cent points divers comme on fait après
une longue absence, — véritable obstruc-
tion d'idées, de sentiments et de souvenirs!
— L'ai quitté pour aller à la messe de la

Gloriette (l'ancienne église des Jésuites),
mais je m'étais attardé, et j'ai été obligé de
me contenter de cette fameuse messe que
l'on dit à Rome pour les voyageurs. —
Rentré, — et mis à écrire à l'*Ange Blanc*
une longue lettre, ainsi qu'à ma mère. —
Les cloches ont beaucoup vibré et m'ont
rappelé mes premiers jours de jeunesse,
quand j'étais ici et qu'elles sonnaient exactement du même son. — Ces voix de cuivre
ne changent pas comme les voix humaines.
— Ce dont j'ai été le plus frappé dans ce
voyage en Normandie où j'ai trouvé tant de
changements si tristes, et entre autres *un si
cruel*, c'est du changement des voix. —
Constaté que les cloches ne m'apportaient
pas de mélancolie. — Tout ce qui est en
dehors de mon sentiment actuel pour l'*Ange
Blanc*, tout ce qui me rappelle un passé où
elle n'était pas, est exempt de mélancolie.
— De mon passé, je ne regrette qu'*elle* qui
ne s'y est pas mêlée, — qui n'a pas pris ma
vie d'assez bonne heure pour me sauver de
tout ce que cette folle vie a eu de coupable
et d'affreux...

Jeté moi-même mes lettres à la poste, — puis rentré pour dîner seul. — Lu le *Siècle* en dînant. — Il y avait un article sur *Charlet*, vide d'idées, mais plein de citations assez curieuses. — Une espèce de *Bourru bienfaisant*, en fait d'idées, que ce Charlet! Il a du trait, mais le sculpteur Préault, que je connais, en a plus que lui. — Après mon dîner, allé chez Trébutien où nous avons causé au coin du feu, retirés de tout, parfaitement à nous-mêmes, — dans cette cellule silencieuse, — comme deux pasteurs au fond des bois. Avons jaugé cette vie de tant d'années, passée sans nous voir; dit les choses inexprimables par lettres, inexprimables ici, — ce que j'appelle le *quatrième dessous de tout!* — Verve, éclat, mouvement, hardiesse, vérité de gens qui font leur jugement de Josaphat sur les choses, les autres et eux-mêmes! De pareilles causeries payent l'absence et la solitude endurée du cœur. — Revenu à l'hôtel quelques minutes après dix heures. — Fatigué de ma nuit précédente en voiture, je me suis couché.

29 septembre.

Levé à 7 heures, — la tête ferme comme un homme qui a dormi et qui vit beaucoup par le sommeil. — La physiologie m'a appris que les natures fortes ont pour nourrice le sommeil. — Plus j'ai souffert, plus j'ai travaillé (autre souffrance souvent!), plus j'ai senti, plus je me suis passionné, et plus j'ai dormi après... comme une brute! Oui, même le chagrin, l'inquiétude, *l'agonie de l'inquiétude* (une sensation à moi!) me font dormir. C'est la honte de la Poésie que cela, mais c'est la nature humaine et son impassible réalité. Plus on dépense, plus il faut réparer; et si l'on ne répare pas, c'est que Dieu n'a pas mis en vous les forces réparatrices... et voici la Poésie qui se relève tout à coup! car la Force, — une force quelconque, — est une chose poétique! — Condé dormait au moment de livrer bataille. Les badauds de l'histoire et les rhétoriciens donnent cela comme une preuve de la magnanimité et du calme de son âme. — Il est probable qu'il dormit d'inquiétude dévorée ; — il avait *peur de perdre la bataille*, et les anxiétés finirent par... le foudroiement du cerveau, — une apoplexie ou une paralysie du sommeil. *Physiologiquement*, Condé était très fort. Rappelez-vous Ninon !

Commencé le *Memorandum* que voici, — pris une tasse de café et fini une lettre à ma mère. — Le temps coupé de soleil et de pluie, mais c'est la pluie qui coupe le mieux. — Allumé du feu. — Je suis frileux comme une hirondelle, et d'ailleurs ne sommes-nous pas en Normandie, la belle *pluvieuse*, qui a de belles larmes froides sur de belles joues fraîches ? — J'ai vu des femmes pleurer ainsi. — Les pluies de la Normandie sont froides comme les larmes de ces femmes-là. — Resté à ma table à écrire jusqu'à midi, — habillé, — mangé deux côtelettes, — jeté ma lettre à *mia madre* à la poste, — puis allé à la Bibliothèque trouver Trébutien. — Avons lu des vers de Guérin, inconnus, et qui doivent briller au premier rang dans le volume que nous préparons. — Superbes de tout point, et dans une inspiration très peu habituelle à l'auteur, — qui est panthéiste avant tout, non pas à la manière allemande, Dieu merci, mais à la sienne, — incomparable! Or, les vers en question sont personnels, passionnés et chrétiens. — Pendant que nous étions là, Ch... est arrivé. — Très gracieux l'un pour l'autre. — J'aime le rare esprit de Ch..., un esprit perçant et sceptique, agile, mais sans assiette! Homme d'objection qui n'affirme qu'un quart d'heure ce qu'il croit le plus! Il a le génie de la critique. Chasseur d'idées qui fait lever un gibier immense. — Le génie de l'affirmation et de la certitude lui viendra-t-il, ou ne sera-t-il que ce qu'il est aujourd'hui? Le temps, qui mûrit quand il ne pourrit pas, mûrira-t-il Ch...? l'accroîcra-t-il? le lestera-t-il? et le *stat moles* viendra-t-il enfin à cet homme, qui tourne toujours, comme une aiguille trop aimantée, dans la rose des vents de sa philosophie? — Nous nous sommes trop peu vus aujourd'hui, et trop restés sur le terrain plane des politesses officielles pour le savoir. — Vu aussi, à la Bibliothèque, une Anglaise à laquelle Trébutien m'a présenté ; — *une poète*, — une madame *Carey*, je crois ; — accent anglais, figure anglaise, mais cordiale, aimant la poésie, les livres, tout ce qui rend *bleue* une femme, et n'étant pas *bleue !* — Elle *débarquait* dans la langue et la littérature françaises, et, comme elle était à *Caen*, elle lisait *Malherbe*, l'admirant avec un entr'ouvrement de bouche qui laissait voir ses dents blanches et bien rangées sous ses lèvres courtes, — une bouche *confortable*. Trébutien — avec qui elle est en politesse de livres — lui a donné les RELIQUIÆ d'*Eugénie de Guérin* et m'a prié d'y mettre une inscription, et, comme nous venions de parler de Shakspeare, j'ai écrit sur le petit volume : *A Madame C..., donné par J. B. d'A. et J. S. T. comme un hommage respectueux et comme une espérance, — l'espérance de voir une main de femme préparer la gloire du cygne du Cayla dans l'île des cygnes de Shakspeare.* — Trébutien a eu la bonté de trouver cela bien. — *Not shocking* ! Après le départ de la dame, qui était flanquée de deux autres, muettes comme des esclaves turcs, Trébutien m'a fait les honneurs de sa Bibliothèque. — Examiné ensemble les portraits qui ornent le pourtour : les gloires du pays, sous les nuages du pays, et qui, à l'exception de Huet, de Malfilâtre, du poète de l'Anglaise, notre Malherbe, ne se voient guère à l'œil nu que dans l'atmosphère du pays. Remarqué trois ou quatre bonnes toiles, entre autres deux portraits, d'un amateur de Vire, — m'a dit mon *cicerone*, — un monsieur *Le Grain*, qui, ma foi! pourrait faire semence et récolte! et qui, tout amateur qu'il soit, a le sens et la main artistes. — Sommes sortis de la Bibliothèque à quatre heures, après avoir déterminé le genre de travail que nous devons faire ce soir sur *Guérin*. — J'ai voulu accompagner Trébutien dans sa promenade habituelle avant le dîner. — Il est régulier comme Lord Byron lui-même, et moi, je ne veux rien déranger à l'économie de sa vie, mais lui rendre ses habitudes plus chères quand je serai parti, parce que je les aurai partagées!

En sortant pour la promenade en question, Trébutien a trouvé *at home*, et m'a remis triomphant, — il prévoyait le plaisir qu'il allait me faire, — une lettre de ma *séné-chaussée d'*... L'ai lue de suite, — pour la relire ! — Ces lettres sont le cordial de ma vie, l'*élixir de longue vie* pour mon cœur ! — Allés sur le *Cours* en faisant un détour, à cause du vent qui était fort vif et du soleil qui ne l'était pas. — Traversé la place *Malherbe*. Ai montré les fenêtres de mon ancien logement d'étudiant à Trébutien. — L'une de ces fenêtres était ouverte. Une femme y travaillait. — En les regardant, toujours le même calme, toujours la même absence de mélancolie. — Ah ! l'*Ange Blanc* serait bien contente si elle pouvait voir le fond de mon cœur *ici !* — *Elle* m'a déraciné de cette terre que j'ai aimée pourtant, et il n'en reste pas un grain de poussière à mes racines ! —

Nous n'avons fait qu'une moitié de promenade, parce que le Cours était envahi par une foire, — une vieille foire normande, — la *Foire aux Oignons*, — et que nous ne sommes fous, Trébutien ni moi, de la figure humaine. — Longé le mur, le fameux

mur qui a rendu Trébutien si éloquemment
indigné dans son livre sur *Caen*, lui, le *lapi-
daire* jaloux de sa ville qui demain ne sera
plus des *pierres* précieuses ! — En voyant
cela de mes propres yeux, j'ai compris sa
colère. — Ce mur est le massacre, sous des
pierres, d'une promenade charmante ; la stupide *lapidation* d'une belle chose. — Avons
remonté le canal du *Duc Robert*, peu profond, jaune dans l'herbe verte, ridé de mille
plis. — Que de plis effacés et refaits par le
vent depuis le duc Robert et l'année 1104 !
O rêverie ! Nous sommes tournés vers la
prairie, — ce *Camp du drap vert*, — la gloire
et la beauté du *Cours la Reine*, et Trébutien m'a montré du bout de sa canne, — la
seule chose avec quoi on doive désigner de
pareilles abominations, car la main crispée y
répugnerait, — la place où ils vont couper
ce splendide morceau de verdure et rompre
un horizon, beau, à sa manière, comme la
baie de Naples ou la vue du Bosphore. Ah !
si Byron avait vécu ici comme Brummell,
cette promenade sublime aurait son rang
dans les admirations officielles du monde et

de l'Europe! Cela est vraiment digne des vers du *Don Juan* ou du *Childe Harold.*

Rentrés, — sans rencontrer un visage digne d'arrêter le regard. — Depuis que je suis en Normandie, n'ai pas vu un seul front où la main divine ait laissé son petit bout de rayon. A *Valognes*, le pays des jolies filles de mon adolescence, je n'ai pas vu, pendant tout le temps que j'y suis resté, errant dans ses rues et sa place comme une âme en peine, une seule figure sous ces *Comètes*[1] qui ne sont plus radieuses, et qui m'éblouissaient autrefois. — La figure humaine, supportable seulement dans la beauté de la femme et de l'enfant, s'en va comme tout le reste. Thersite! voilà maintenant l'humanité, et ce polisson a des filles!

Dîné tête à tête, à l'hôtel, — et, nos

---

1. Les *Comètes* étaient une espèce de coiffes très busquées en avant et formant casque, et qui donnaient l'air singulièrement amazone à ces riantes têtes, si coquettement entortillées dans du linon. Pourquoi les appelait-on des *Comètes*? Le langage de la mode a sa folie. Toujours est-il que pour bien porter ce genre de coiffe, il fallait avoir en chignon la chevelure de Bérénice.

lèvres essuyées, retournés, Trébutien et
moi, à sa cellule, que j'aime parce qu'elle
encadre admirablement, dans sa nudité sé-
vère, le *Passer Solitarius*. — Allumé *deux*
feux, celui du bois et celui de l'âme : un véritable embrasement de causerie ! Lui me
questionnant, moi répondant, et, par la con-
fidence, complétant mes lettres et le faisant
descendre tous les escaliers en spirale d'une
vie que les circonstances, les passions, le
diable enfin, ont tordue et retordue longtemps, comme un tire-bouchon anglais *forcé*
par la main *crotoniate* de quelque vaillant
ivrogne ! — Retrempés de temps à autre
dans les flots de cristal sonore et lumineux
de la poésie de *Guérin;* — marqué à l'encre
rouge les pièces qui doivent composer le
volume de vers. — En nous faisant sévères
comme des hommes *à qui rien ne manque,*
nous en avons trouvé *vingt-trois,* — vingt-
trois chefs-d'œuvre où Dante et Virgile
s'entrelacent *par-dessus* une inspiration qui
a sa *genuiness* à elle, et que rien ne rappelle
dans les poésies jusqu'ici connues et admi-
rées. — Rentré avec la volonté de travail-

ler, et je n'ai pu que lire. — Les vers de
Guérin avaient fait lever en moi mille pensées, comme un airain frappé fait lever les
abeilles.

30 septembre.

Levé à sept heures, — soins de toilette
jusqu'à huit. — Le coiffeur, — puis assis à
ma table, — et travaillé, en prenant le café,
comme à Paris. — Me voici rentré dans la
vie régulière, la seule chose qu'il y ait, les
seules balises qui arrêtent, pour un être
aussi dominé et entraîné que moi par ses
pensées et ses rêveries. — Que de fois je me
suis placé devant un travail déterminé, impor-
tant, pressé, nécessaire, et la diable de *Fancy*
ayant ouvert ses grandes ailes, je m'en suis
allé, malgré moi, *dériver* bien loin! — Les
règles ne sont bonnes que pour les natures
fougueuses, capricieuses, irrégulières. Les
Réguliers n'en ont pas besoin. Il faut com-
primer les passions dans des routines, ou
bien on n'entend rien à la vie et on se fait

dévorer par elle. — Travaillé et lu jusqu'à deux heures, même en déjeunant. — Le temps vif, mais *relevé* (mot d'ici). — Habillé vers deux heures, pour aller rejoindre Trébutien à la Bibliothèque. — N'y était pas! — L'ai trouvé chez lui, — et, tentés par le soleil, quoiqu'il fût assailli de nuages, nous sommes allés sur le *Cours la Reine*, cette promenade belle comme celle dont elle porte le nom, et, comme elle, condamnée à mort. Pour cette seconde reine (la reine des promenades), le coup de guillotine sera un viaduc!

Monté et descendu les trois côtés du *Cours*, — l'encadrement de la prairie. — Le temps expressif, — un peu de vent salé, et fouettant comme le vent des bords de la mer, — mais le ciel gonflé de gros nuages, bleu-ardoise, avec des nappes de soleil qui se levaient et retombaient, entre ces gros nuages, comme des rideaux de théâtre, — lumière intermittente. — Sous ce dais de nuages d'un ton sombre, le vert de la prairie éclatant, presque mordant, *faisait* bien! Quelques flaques d'eau, venues des pluies

tombées ces derniers jours, semaient, ici
et là, de petites opales, les faces de la
vaste émeraude. — Pas une âme au milieu
de tout cela... que les deux nôtres, qui
n'en font qu'une! — Arrivés en face du
pont de *Vaucelles*, remarqué le profil indigne, bâtard, prosaïque, *bourgeois de ce
temps* (ce mot dit tout!), des maisons qui
bordent par là la rivière. — Tout est dés-
honoré par les constructions modernes : le
paysage, la terre et les eaux, et jusqu'à l'air
dans lequel on ose les élever! — Quelles
traces les *classes moyennes*, comme dit
Guizot, leur publiciste et leur parrain,
laisseront dans l'histoire, et quelle signa-
ture de leur bassesse que leurs monuments!

Ils ont aussi détruit des saules qui pleu-
raient bien de l'autre côté de la rivière, et
qui semblaient l'avoir *dégouttée* de leur
chevelure; mais il fallait bien démasquer
des usines qui veulent se montrer
dans leur gloire. Des usines et des la-
trines, voilà ce que la civilisation du dix-
neuvième siècle plante orgueilleusement sur

ses fleuves! — En revenant, avons rencontré une ou deux bonnes d'enfant, aussi vulgaires que leurs maîtres, probablement, — quelques étrangers, — et une vieille mère, qui promenait sa vieille fille avec une surveillance... posthume! — Suis allé seul faire une visite à M. B..., — que je n'ai pas revu depuis ma jeunesse, — il était sorti; — puis, avec Trébutien, visité MM. Le F... — Causé là avec assez de *fringance*. — Revenu à l'hôtel (moi) et lu le livre de Hefele (*Ximenès*) sur lequel je dois *articler*. — Homme grand (Ximenès), livre petit. Les Allemands ne savent pas faire un livre; ils ne peuvent que le préparer...

Trébutien est venu à cinq heures, — dîné comme je veux dîner tout le temps que je serai ici, *insieme* et seuls. — Mis des réputations de femmes sur la table. — Il paraît que la corruption ne manque pas plus à la province qu'à Paris. — Mœurs égalitaires! — L'égalité dans le vice va plus vite encore que l'égalité politique, qui ne va pas mal! Où finirons-nous par arriver? — Après le dîner, tracé notre diagonale ordinaire et allés faire du feu chez Trébutien. — Causerie entrecoupée de lectures. — Avons lu un poète, presque inconnu, quoique son nom soit entouré des fleurettes de Clémence Isaure et qu'il traîne parfois dans quelques journaux, — *Siméon Pécontal*. — L'avais vu et entendu à Paris, — pas brillant, embarrassé dans ses phrases qu'il ne finit pas, mais d'un œil et d'une physionomie assez sympathiques, — eh bien, cet *embarrassé de diction* en a une très ferme et très nette la plume à la main. Évidemment, il a en lui vertu de poète. Le caractère de son talent est un don charmant de simplicité. — Il est simple... comme on ne l'est plus. — La décadence de ce temps ne lui a pas contourné les membres dans ses gymnastiques enragées, et il ose être naturel. — Avec cela, peu de succès, une vie obscure, — il est, je crois, bibliothécaire quelque part. Mais moi, je dirai prochainement ce que vaut cette violette oubliée qui, de temps à autre, s'élance en lis, — car il a parfois l'élévation et la splendeur nitide, et le port suavement fier de cette fleur royale. Les meilleures aubaines

de mon métier de critique, c'est de rendre
justice aux pauvres et si touchantes supé-
riorités méconnues :

> Je ne suis qu'un ver luisant,
> Mais je rends *leur* nuit moins sombre !

Trébutien un peu fatigué, je me suis re-
tiré vers dix heures, — au *couvre-feu*, qu'on
sonne encore ici comme au moyen âge. —
Ils ont oublié de supprimer cela! — Rentré
à l'hôtel. — Ai remarqué la tristesse de la
ville en traversant la place Royale. Elle est
triste comme un cadavre.

1er octobre.

Levé toujours à la même heure, — rasé,
— puis, le feu allumé, au travail. — Achevé
le *Ximenès* comme lecture. Pas plus content de la fin que du commencement, et les
traducteurs — deux cuistres sous la même
calotte grasse — l'ont encore gâté avec
leur style vulgaire et lourd. — Couronné
mon travail de la matinée par une lettre

à *Sainte-Beuve*, en lui envoyant les *Larmes d'une Sœur*, cette poésie retrouvée dans les papiers d'*Eugénie de Guérin*, — fleur venue sur une tombe et que nous avons ramassée sur une autre tombe, — tronçon de chef-d'œuvre auquel, non le souffle, mais la main a manqué! — Sorti par le plus beau soleil d'automne, une promesse d'octobre brillant, — allé à la Bibliothèque rejoindre Trébutien. Il y avait là M. le F..., puis M. de G..., inspecteur d'Académie. — De là nous sommes allés, Trébutien et moi, chez M. M..., l'ancien libraire, le *Murray* de Caen, qui a quitté la librairie pour se jeter dans les beaux-arts, — il est amateur de peinture. — Tête originale, du reste, pleine de feu, de mouvement, de manière de sentir à soi, et qui a échappé à la pétrification commerciale, tout en gagnant sa fortune dans le commerce. — M'a plu tel quel, et aussi parce qu'il ressemble énormément à mon ami P... D... — C'est le même regard, la même expression de sourire, la même lèvre supérieure pincée, la même coupe de moustache sur cette lèvre fine et vibrante comme une chanterelle, la même parole abondante, enthousiaste, un peu personnelle, même un peu *fate* (mais je n'ai jamais haï une nuance de fatuité dans un homme, quand le manque d'esprit ne la compromet pas). — M'a fait voir ses tableaux. — Il en a plusieurs très remarquables, — mais ce que j'ai *remarqué, moi*, c'est un *Saint Sébastien* de Van Dyck, un portrait attribué au Guide, et une *Vierge* d'Hemling, qui surpasse toutes les têtes de Raphaël, et m'a frappé comme une des plus belles et radieuses choses que j'aie vues de ma vie, et que, probablement, *il y ait à voir*. — J'ai pensé à l'*Ange Blanc*.

Le Saint Sébastien est de l'élégance aristocratique de cette *moustache retroussée*, qui a dans le talent, trait pour trait, ce qu'elle avait dans la figure! (Qui ne connaît pas ce portrait de Van Dyck dont les femmes sont folles, quoiqu'il ne soit plus qu'une vaine toile?...) Le Saint est debout, la tête de *profil*, — une tête hâve de douleur, mais résignée, — et le corps nu, et presque tordu par la souffrance, est de *face*. Ce corps, où la douleur lutte avec la force, l'artiste l'a fait (idée profonde!) plus puissant que svelte, et il ressort bien dans sa pâleur, marbrée de meurtrissures, sur une large draperie rouge qui semble tomber d'une colonne. Malgré la force du soldat qui résiste dans le martyr, il y a un mouvement de douleur qui révèle bien qu'il est vaincu, — les genoux portent en dedans comme les genoux d'une femme. — Ce mouvement est très beau. — Dans un sujet pareil, abordé avec cette hardiesse, qui conçoit Sébastien en athlète-martyr et le *muscle* pour expliquer cette masse de flèches sous laquelle il périt et qui ne l'a pas renversé encore, il n'y a que Van Dyck au monde qui pût introduire cette incroyable élégance, — l'élégance dans la force presque massive, l'élégance dans la plus physique des douleurs! — Le soldat (saint Maurice), armé et casqué, vu de trois quarts, derrière la colonne, et qui fait repoussoir au Saint, est aussi de la plus imposante noblesse et de cette aristocratie naturelle à Van Dyck, qui lui fait relever sur la toile son pinceau comme il retroussait sa moustache.

Le portrait imputé au *Guide*, et qui est assez beau pour en être, est celui d'un homme dont le nom est resté inconnu, et qui n'a peut-être, pour toute gloire, que d'*être cette peinture*. — Étrange chose! le nom naufrage dans l'oubli, et les traits qu'on avait, et qu'a détruits la tombe, les voilà anonymes et immortels! — Ils feront désormais penser tout ce qui pense, et chercher un nom impossible peut-être à trouver. — L'homme en question est un vieillard presque octogénaire. C'est un dignitaire dans l'Église, car il a une espèce de calotte claire sur la tête (serait-ce la calotte blanche d'un pape?) et à la main une espèce de bâton pastoral. — Il est enveloppé d'une chape splendide, perdue d'ailleurs dans une pénombre où le noir le plus som bre ne peut étouffer l'inextinguible éclat d'un coloris d'ambre et d'or! La tête de ce Prêtre, appesanti, mais non courbé de vieillesse, est tout à la fois majestueuse et terrible; — la pensée m'est venue, au premier regard, d'un docteur blanchi dans les méditations théologiques les plus absconses et d'un inquisiteur d'État. — La puissance de la méditation, et celle *non moins complète de l'action*, reposent et *somnolent* sur cette face formidable. — Les yeux sont à moitié fermés sous leurs touffes de sourcils et leurs profondes arcades sourcilières, — il a tant vu, cet homme, qu'il peut fermer les yeux sous les lassitudes du mépris! — La bouche, perdue dans la barbe, garde bien son secret, — selon Lavater, le secret de chaque homme est dans la bouche, indomptable à la volonté, qui fait des yeux des *comédiens* plus ou moins habiles, — mais il y a un retroussement dans la narine droite, qui dit l'ennui dédaigneux de cette tête chenue pour toutes choses, — pensée et puissance, — mais qui n'abdique pas, cependant. Voyez plutôt la main, qui tient la crosse ou le bâton pastoral! C'est tout un poème de volonté! — Toute la politique de l'Église d'Hildebrand respire dans cette tête accablée par ce qu'elle sait, par ce qu'elle a fait, ce qu'elle a pensé, et qui ne renoncera jamais, sous ces lourdes fatigues qu'elle porte ferme, à ce grand néant du gouvernement des Empires. — La tête est bien d'aplomb sur ces épaules, — l'œil va droit aux hommes, et pas plus haut. — Ce prêtre a peut-être pensé beaucoup au ciel, mais, j'en réponds, il ne l'a jamais regardé!

Ce portrait est certainement un des plus beaux que j'aie vus. Il vaut presque le portrait peint par Léonard de Vinci, que je n'ai vu qu'une fois et que je n'oublierai jamais, et qui représente le gonfalonier *Soderini*, de Florence, si cruellement maltraité par l'histoire. L'histoire ne ment-elle jamais à perpétuité?... *Je crois à l'histoire* (dit je ne sais plus qui), *mais je n'y étais pas!* Soderini est (si l'on s'y fie) un bourgeois médiocre, digne de faire partie des bourgeois actuels, les impolitiques bourgeois du dix-neuvième siècle! Mais cette face d'homme d'État suprême est une réponse aux mauvais propos de l'histoire. — Léonard de Vinci reviendrait au monde et il nous peindrait *Thiers* ou *Odilon Barrot*, qu'il ne nous ferait jamais des *Soderini*. Le génie de l'idéal n'est pas le démon du mensonge. Ce serait toujours les *boules* que vous connaissez!

Mais le plus précieux des trésors de M. M..., c'est la Vierge d'Hemling. Pour nous, chrétiens, *ceci* est au-dessus de *tout*, — au-dessus des Vierges et des Saintes de Fiesole, qui ont une beauté *mortifiée* et *transparente*, une beauté d'Élue. La Vierge d'Hemling a la beauté radieuse des Vierges de Raphaël; mais la divinité du Christianisme brille tellement dans cette tête, qu'à côté, la tête de la *Vierge à la Chaise* paraît païenne, et même, — comme expression, — les têtes si chastes du Pérugin! Nulle parole ne peut donner l'idée de cette chasteté divine, de ce revêtement du visage par une âme de Vierge assez pure pour incarner en soi le Dieu de toute pureté. Au premier abord, on ne s'aperçoit pas qu'elle est belle d'une beauté *charmante*. On ne s'aperçoit que d'une chose: c'est qu'elle est *Vierge* et qu'elle est *LA VIERGE!* — On n'a pas vu Dieu, — on en mourrait, — mais on a vu sa *MÈRE!* — Positivement, on ne pense qu'à *cela*. *Cela* complète l'esprit par une impression inconnue. Est-elle brune ou blonde? — je la crois brune. — Comment a-t-elle le teint? — je le crois d'or vivant et tiède. — Quelle est la forme du front? — je le crois à trois pointes, élevé, un peu proéminent, mais je n'en suis pas bien sûr. L'expression, l'angélique expression (il faudrait créer des mots, mais qui les entendrait?) empêche de voir les détails de cette tête, palpitante, infusée et éclairée de pudeur. — Oh! que l'*Ange Blanc* admirerait et sentirait cette beauté surnaturelle! — Je n'ai jamais, depuis que je suis dans ce pays, regretté autant l'*Ange Blanc* qu'aujourd'hui. *Elle* aurait eu un vrai bonheur[1].

MEM. — Retourner chez M. M..., *après demain*, assurer ma première impression.

Revenus par le quai, Trébutien et moi,

---

1. Le Catalogue des tableaux de la galerie Fesch attribue cette Vierge à Van Eyck, mais qu'importe? La gloire est si souvent ignorante, que parfois elle devient sceptique.

— le temps épuré et magnifique, de cette beauté triomphale d'automne, qui est la gloire pourprée de la Normandie. — Ils ont abattu des arbres sur ce quai, qui a encore sa mine gaie et qu'ils finiront, s'ils continuent, par attrister. — J'ai regardé (mais toujours sans mélancolie) quelques portes cochères sous lesquelles je suis bien passé autrefois. — Trébutien m'a conduit voir *Saint-Pierre*, que le soleil lumineux de quatre heures, un soleil d'argent incandescent, plus que d'or! éclairait et fouillait dans tous les méplats de son anatomie d'architecture. — Très frappé, quoique l'architecture soit de tous les arts celui qui me touche le moins, mon jugement et ma réflexion admettant bien que c'est le premier, puisqu'il les comprend tous, mais ma sensibilité et mon imagination n'étant pas à son service. Derrière le plus haut et le plus admirable monument, il y a de l'espace, et c'est toujours petit, ce que les hommes élèvent, — vu à la hauteur du ciel! Je fais exception pour l'architecture romane, qui m'a toujours fait éprouver des

tressaillements intérieurs ; mais l'architecture romane est une confession du néant
de l'homme, tandis que le gothique, par
exemple, qui veut être, avec de froides
pierres, ce que les Pères des Thébaïdes
appelaient une *ascension de cœur*, n'est
que l'impuissance de monter jusqu'à Dieu.
— Nonobstant, *aujourd'hui*, j'ai compris
Saint-Pierre, que Trébutien (qui est pour
moi une grande autorité, et même la plus
grande autorité) n'hésite pas à regarder
comme la plus belle et la plus complète
expression de l'idée chrétienne ; — en pré-
fère la flèche aux clochers de Chartres,
— plus hauts, dit-il, mais non plus élevés.
Ce qu'il faut voir dans les monuments,
c'est leur geste. L'élévation des monuments, comme celle des hommes, ne tient
point à leur hauteur. — S'il est permis de
parler d'art dramatique en face d'une église,
quand elles jouaient toutes deux dans Cléo-
pâtre, Mlle Dumesnil, qui était petite, écrasait Mlle Clairon et paraissait plus grande
qu'elle.

Pour rentrer à l'hôtel, pris la rue des

Petits-Murs, cette écharpe d'eau et de saules, qui va de l'épaule de Caen à sa ceinture. — Ils ont commencé de couper les franges de l'écharpe et d'abattre des saules, là comme sur le Cours la Reine. — Ah! ici, ce n'est pas comme dans l'Évangile, où il est écrit si tendrement : « Bienheureux ceux qui pleurent! » Les pleurs des saules de Caen ne les sauveront pas! Le moulin, qu'on entend encore sur ce pauvre bout de rivière *dessaulée* et *esseulée*, on ne l'entendra bientôt plus. Les embellisseurs à contresens de cette malheureuse ville, qui fut belle, et qui accomplissent sur elle les immondes mutilations qui furent accomplies sur le corps de Mme de Lamballe, sans avoir la soûlerie du sang pour excuse, vont, m'a dit Trébutien, supprimer ce moulin, qui battait comme le cœur simple et joyeux de la ville, et nous touchait de son tic-tac. Ces gens-là auraient fait brûler au pasteur, devenu vizir, de la Fontaine, sa panetière, sa houlette, et, je pense, *aussi sa musette*. Aux *bandes noires*, de mémoire destructive, ont succédé les ingénieurs. Et

cette bande *bleue* est, Dieu me pardonne,
pire encore !

Rentrés et dîné à l'hôtel. — Après dîner,
promenés dans la ville, entraînés par la beauté
du temps et un commencement de clair de
lune, — une échancrure de la coupe d'al-
bâtre où nous boirons dans deux jours ! —
Population sans aucun caractère, dans les
rues, — fourmillement de la vulgarité humaine, — pas vu un profil qui ne fût commun ou grotesque aux vitres éclairées des
magasins. — Ils ont aussi leur Passage,
leur sale copie d'une sale chose, le *Passage
des Panoramas* à Paris. — Avons fait le
tour *carré* de la place Royale, et nous en
sommes allés défiler le collier un peu mêlé
de nos causeries. — Lu, pour faire un point
d'orgue harmonieux à nos conversations,
la *Promenade dans la Lande*, de Guérin.
— Poésie souffletante pour messieurs les
poètes de ce temps, qui ne sentiront pas le
soufflet ! Mais nous l'entendrons, nous ! et
cela ne manque pas de volupté. — Parlé de
mon *Jacques II* que Trébutien veut publier,
et que je lui dédierai certainement comme

au *seul homme* qui ne sourcille pas devant cette hardiesse historique, — puis de mes *Rythmes oubliés* que j'*oublie* trop ; mais mon excuse, c'est toute ma vie ; ce sont les deux pistolets à quatre coups de la Nécessité que j'ai appuyés sur les quatre artères carotides !

Parlé aussi de sa mère, sur la mort de laquelle il ne m'a donné que des détails vagues, tremblant et n'osant d'émotion. — Je lisais dans son âme et n'ai pas voulu faire saigner le velouté sensible de cette fleur de douleur immortelle. — J'ai connu sa mère, et je ne puis abstraire des souvenirs qui me hantent le plus (les morts me hantent !) ses profonds yeux noirs, creux et lavés de larmes, et cette voix un peu traînante, chargée de tant de cœur et de l'accent de mon pays. Trébutien a de ces yeux-là, mais ceux de sa mère s'enfonçaient plus lentement, plus longuement dans l'âme ; les siens, aùssi noirs, *dardent* comme le diamant, et les choses qui passent dans ces deux miroirs, constellés de pensées, sont plus nombreuses... Figure de *Stabat mater dolorosa,* que madame Trébutien, et de mère plus douloureuse que l'autre. Elle! elle n'a jamais eu d'assomption.

Rentré à l'hôtel, sous une nuit qui a des lèvres de morte pour la froideur, de belles lèvres bleues, car le ciel est d'un azur superbe et glacé. — Écrit tout ce *Memorandum* avant de me coucher. — Il est près de minuit. — Bonsoir!

2 octobre.

Levé avec un mal de tête que le café a dissipé et que j'attribue au cidre, que je bois comme un vrai Normand depuis mon séjour dans ce pays des pommes que Saint-Amand a chanté. — Le coiffeur est venu. — Écrit et lu jusqu'à deux heures sans désemparer. — Le temps moins beau qu'hier, — des nuages, du vent acide comme citron, — mauvais temps pour les gens nerveux! — Habillé. — Allé chez M. B... que je veux voir à toute force, Trébutien sait pourquoi. — Pris par ce poétique pont *Saint-*

Jacques qu'ils ont aplati, orné de trottoirs, et dont je regrette la courbure. — Il y a là encore deux ou trois saules pleureurs, aux angles du pont et de la rivière, qui sont bien charmants dans leur verte mélancolie pour rester là longtemps; — on les arrachera, ces gracieux ennemis! — Où est maintenant mon pauvre vieux aveugle en sarrau bleu, accroupi sur ses talons comme un vieux Turc, et qui disait son *Ave Maria* éternel? — Belle prière pour un pauvre! — Il semblait saluer les femmes qui passaient de ce noble salut d'ange : « Je vous salue, Marie, pleine de grâce, » et en même temps il priait CELLE-LA qui ne passait pas, mais qui l'entendait mieux que celles qui passaient. — Cette vieille face tannée par le vent, la pluie, la neige, le soleil, toutes les atmosphères, ce bronze pensif de la cécité et de la misère qui murmurait sans cesse, le jour, la nuit, Memnon de la pauvreté qui, plus sonore et plus touchant que l'autre, avait toujours sur la lèvre le cruel rayon d'adversité qui le faisait gémir, où est-il maintenant?... Dans quelque coin perdu du cimetière de Vaucelles ?... et à sa place vous trouvez deux décrotteurs ! — Probablement, ici, ville bien administrée (horrible langage), la mendicité est interdite. On chasse des rues ceux que la religion a si divinement nommés « les membres de Jésus-Christ », et l'on souffre... que dis-je ? on inaugure des décrotteurs à leur place. Vive le travail !

Toute la différence entre le moyen âge et le monde moderne est *là dedans!*

N'ai pas trouvé M. B... — Rejoint Trébutien à la Bibliothèque, mais en prenant par le Cours. — Le temps triste, les nuages gris, le vent sabrant les ormes comme avec un bancal et leur hachant leur beau visage de verdure nuancée. — Le canal du duc Robert se ridant toujours dans ses eaux qui semblent rouillées par le temps. Vieillesse d'eau qui ressemble à la vieillesse du fer. — La promenade déserte, — les impressions d'hiver qui s'avance, mais démenties par cette étincelante et printanière beauté de la Prairie, qui n'a pas besoin de lumière pour la renvoyer dans son pur éclat d'émeraude ! — *Louvigny*, d'ordinaire bleuâtre, presque noir, — comme j'ai vu Jersey pour la dernière fois sur la falaise de Carteret. — Horizon de terre, horizon de mer : il n'y a rien de plus magnifique pour moi, dans les paysages de Dieu, que les horizons. — Guérin dirait cela mieux que moi.

Arrêté encore sur le pont qui sépare les deux Cours. — J'aime les ponts. Je les ai toujours aimés et ne puis passer sur aucun sans involontairement m'arrêter. — Peut-être y a-t-il en moi beaucoup de l'homme *aux rubans verts* qui crachait dans le puits pour faire des ronds. — Il faut que je m'appuie à tous les parapets et que je regarde dans toutes les eaux, comme un Narcisse, mais ce n'est pas, certes ! pour y retrouver mon image ! — Pensé au pont de *Saint-Sauveur* que j'ai trouvé détruit cette année, — renversé, m'ont-ils dit, par une inondation de cette tranquille *Douve* qui ne se met jamais en colère, mais qui, quand elle s'y met, comme les gens tranquilles, s'y met bien ! — La colère de l'agneau ! — Pensé aussi — car la pensée est le plus audacieux des ponts jetés *entre* et *par-dessus*

toutes choses — au petit pont de l'E... en
A... — Y ai-je rêvé, appuyé sur mon bour-
don et revenant avec mon camarade *Neïor*,
mon *Boatswain*, à moi, de mes pèlerinages
à cet humble village de B..., digne d'être
chanté par Crabbe ou par Burns, dans le
temps que j'étais à ...! — Temps heureux
que je m'en vais recommencer!

Rien vu dans ma randonnée sur le Cours,
qu'un bon homme qui balayait la poussière
et les feuilles tombées, empiétant sur le travail du vent et du temps! — Du reste, pas
une femme, — l'ornement de toutes choses!
— un chapeau rose fané qui s'en allait, je
crois, juché sur de longs pieds puce, — les
pieds de la reine Pédauque, — voilà tout!
— Entré à la Bibliothèque, — causé avec
Trébutien de la *Rosa Mystica* de mon frère
qu'il va publier, — lu les épreuves. — Poésie sans saveur pour moi; — il faut être
plus avancé que je ne le suis dans la vie
religieuse, pour être touché de ce qui touche
Léon comme poétique. — Il est évident que
les mots n'ont pas la même physionomie
pour nous deux. — Tel est l'effet général

du petit volume sur mon indigne personne ;
mais, à plusieurs endroits, j'ai senti et constaté le mouvement, l'élan, et l'expression
poétique comme je la conçois. — Lu dans
les *Annales archéologiques* de Didron une
notice intéressante, quoique froidement
écrite, sur *Hemling*, le peintre de ma Vierge
d'hier. — De Bruges, probablement, car on
ne sait rien de précis sur cet homme de
génie, — né en 1430, — connu, comme Dieu,
seulement par ses œuvres, qui nous parlent,
comme Dieu, dans le fond du cœur ! —
J'aime ces hommes qui sont, dans l'histoire,
comme les anciens rois de Perse dans leur
empire, et qui ont la majesté de l'*Invisible*.
— Hemling est ainsi. On ne le voit pas et
on l'invente. On dit (parlez, Flânières de
l'Histoire !) qu'il s'est battu à Morat pour le
duc de Bourgogne (à la bonne heure ! un
grand artiste ne peut pas se battre pour des
républicains), qu'il fut blessé, revint à l'hôpital de Bruges, tourna la pieuse tête d'une
religieuse (l'auteur de la notice ne le croit
pas ; les raisons qu'il donne de son incré-
dulité sont curieuses et méritent la nôtre), et

puis tomba dans l'oubli avant la mort — ou
dans la mort avant l'oubli : on ne sait pas
bien. Même son nom est une question ; les
uns disent *Memling*, les autres *Hemling*, par
politesse et plus de commodité pour la
gloire. *Hemling* ou *Hemmelinck* est, en effet,
plus facile à prononcer que *Memling;* mais,
pour mon compte, j'aimerais mieux *Memling*, moi! et précisément parce que c'est
plus difficile. Que la Gloire, cette injuste
bégayeuse si souvent, mâche des cailloux
comme Démosthène pour apprendre à parler mieux et plus fort, et, puisque nous ne
pouvons couper sa langue en train de sot-
tises, écorchons-la du moins avec le nom
des grands hommes qu'elle a méconnus!

Sommes sortis de la Bibliothèque après
avoir *noté* de consulter l'édition de *Segrais*,
que je pense à rééditer avec une introduction
sur ce Normand aux grâces si tendres, ce
singulier pasteur du pays des Pirates, que je
veux étudier, car autrefois il m'a plu... D'ailleurs, romans, impressions écrites, souvenirs,
travaux, tout doit être normand pour moi
et se rattacher à la Normandie. Il y a long-

temps que j'écrivais à Trébutien : « Quand ils disent de partout que les nationalités décampent, plantons-nous hardiment, comme des Termes, sur la porte du pays d'où nous sommes, et n'en bougeons pas! » Segrais est une gloire normande, perdue un peu dans sa brume. Il m'appartient de l'en dégager.

Fait la promenade de Trébutien, le demi-cercle tracé par le canal du duc Robert. — Même temps que tantôt, âpre et froid. — Sur la rampe herbue du canal, un petit garçon remontait en grimpant; — vu de dos dans l'herbe, il avait l'air d'un gros escargot azuré. — Trébutien m'a fait remarquer la beauté du feuillage des ormes qui, littéralement, semblent avoir des pousses d'or, — le *rameau d'or* de Virgile, — dans leur forte verdure. C'est au point que, sans lorgnette, je prenais ces pousses pour des grappes comme celles de l'acacia ou de l'ébénier, et que je méconnaissais la nature des arbres plantés devant moi. — Les tueurs de saules tueront-ils ces magnifiques ormes? *Oseras-tu donc, barbare! égorger Marius?*

Vus de face, la prairie entre eux, ces

ormes, dont on aperçoit la tête par-dessus
les platanes, ont une beauté de ligne et de
courbe, dans le bleu du ciel, qui fait penser
au sein, issant des eaux, d'une femme plon-
gée et couchée dans la mer. C'est la grâce
dans la force, la soudaineté et le mystère.

Quitté Trébutien pour aller chez M. B...
L'ai trouvé enfin! — M'a bien reçu, et je
dîne chez lui demain, tous deux seuls. —
Deux passés, à table, qui vont se regarder
dans le blanc des yeux! — Revenu à l'hôtel, — dîné avec mon *fidus Achates*, celui
dont je voudrais souder pour jamais la vie
dans la mienne, comme je la soude ici pendant quelques jours. — Parlé cœur à cœur,
tout en dînant face à face. — Après dîner,
empêchés de sortir par la pluie. — Par-
couru mes lettres à Trébutien, — collection
qui doit être la plus belle plume de mon
aile, si je dois devenir un oiseau glorieux,
— un *oiseau du paradis* de la gloire! — Le
meilleur de moi est dans ces lettres, où je
parle ma vraie langue et en me *fichant* de
tous les publics! — Trébutien pense ainsi,
et Trébutien m'aime assez pour avoir la sa-

gacité d'*une femme qui aime*, la plus fou-
droyante sagacité qui ait jamais fait entrer
la pointe de sa fourche de feu dans ces ténèbres qu'on appelle la vie! — Écrit un
mot orgueilleux sur le cahier qui renferme
cette collection, — un mot orgueilleux qui
peut devenir un mot juste! — Comme je ne
suis pas Kepler, qu'il reste où il est, ce
mot que l'avenir justifiera *peut-être*. Je ne
l'écrirai point ici. — Parlé de *Brucker*, cet
homme qui a pris son génie comme une
coupe et l'a renversé *sens dessus dessous* sur
tant de fronts! Brucker, mon ami et mon
maître, que cette chienne de Gloire pourrait
bien oublier, car elle n'a pas la fidélité et le
flair du chien, la stupide drôlesse! — *A dix
heures*, rentré; — la pluie tarie, et des con-
stellations qui promettent beau temps pour
demain. — Resté sur mon balcon trois
quarts d'heure; — on avait égaré la clef de
ma chambre, mais les balcons me plaisent
dans la nuit. — Écrit, et *to bed.*

MEM. — Penser à écrire à *Saint-Bonnet*
et à lui envoyer les *Reliquiæ* de Mlle de
Guérin.

Oublié de noter qu'avant la promenade je suis allé acheter une *limousine*, semblable à celle des charretiers bas normands, et dans laquelle je veux envelopper mon dandysme cet hiver. Je la ferai doubler de velours noir, comme Jean Bart avait fait doubler d'or sa culotte d'argent, et elle aura une moins *meurtrissante* destinée !

3 octobre.

Levé toujours à la même heure ; — habillé et travaillé jusqu'à deux heures, selon l'économie de mes journées ici ; — interrompu seulement par le déjeuner, fait rapidement sur la table même où j'écris. — Achevé ma toilette et écrit à la comtesse de M... la lettre que l'*Ange Blanc* m'a demandée. — Cette lettre, que j'ai écrite aussi aimable qu'était aimable le *sentiment* qui l'exigeait de moi, arrivera-t-elle à temps et trouvera-t-elle la pauvre comtesse encore vivante ?... Mais qu'importe, du reste ! J'ai retourné la fière devise : *Fais ce que dois, advienne que*

pourra, et de fière, je l'ai faite soumise : *Fais
ce qu'*ELLE VEUT, *advienne que pourra!*
— C'est écrit pour lui plaire ; que me faut-
il de plus ?...

Jeté la lettre en question à la poste. —
Monté ensuite à la Bibliothèque et partis,
Trébutien et moi, pour revoir les tableaux
de M. M... — Même homme, même ac-
cueil, même sympathie dans l'amour de la
peinture... — Revu les trois tableaux qui
m'ont *enlevé* avant-hier, — nettoyé mon impression, — cette première impression qui,
comme la vague, a son écume. — Clarifié
donc cette vague, — et voici ce qui reste,
et ce qu'un troisième regard ne pourrait
plus épurer : — Le *Saint Sébastien* n'a rien
perdu de son élégance, de son expression,
de sa magnifique attitude de douleur ; mais
pourquoi, puisque la figure est défaite de
souffrance et le corps crispé de la torture
endurée, pourquoi les flèches de ses bour-
reaux ne hérissent-elles pas cette vaste poitrine à y planter tout un carquois ? Pourquoi
le sang ne tombe-t-il pas de muscle en
muscle sur cette musculature, en saillie par

l'effet du martyre? Pourquoi nulle plaie sur ce corps lustré, lubrifié par les sueurs pâles de l'agonie?... Les flèches, qui devraient vibrer *à l'œil* dans la chair palpitante du saint, elles sont en faisceau sous sa main droite. Il l'appuie sur le carquois qu'il fallait vider sur son corps. Si le Saint était *glorifié*, si on le peignait comme il est ou comme on le conçoit dans le ciel, il suffirait des instruments de son martyre, indiqués par le carquois placé dans le coin du tableau. Mais il est là en pleine agonie, en pleine douleur, en pleine expiration de tout son être... Pourquoi donc nous montrer le *supplice sans le supplice*, sans les traces *nécessaires* du supplice? — Pourquoi l'expression d'un homme déchiré qui n'a pas une seule blessure, un seul déchirement sur tout son corps, presque convulsé cependant? Est-ce une contradiction? Est-ce un oubli? Quelle a été la pensée du peintre? car Van Dyck en avait une, certainement. Il avait bien la puissance de piquer ce réseau de veines gonflées, et de faire ruisseler du sang sur ces membres qui auraient dû s'en abreuver. Il ne l'a pas fait. Son *élégance* suprême lui a-t-elle conseillé de supprimer la vue du sang, comme trop physique et trop horrible?... Son *aristocratie* qui ne l'a pas abandonné, même en peignant ce corps robuste de soldat romain, ce torse et ces jambes développés au gymnase et dans l'arène des champs de Mars, a-t-elle eu dégoût de la réalité du sang et repoussé ce détail comme grossier et *inférieur*?... Ceci pourrait bien être, mais serait une faiblesse. Trop d'aristocratie énerve l'art, étiole le génie. Un homme plus grand que Van Dyck l'a éprouvé : c'est lord Byron. La Gloire est *une* critique profonde, quand elle écrit ou dit son nom avec son titre. Mais lord Byron aurait été plus grand encore si elle avait pu l'oublier. C'eût été Byron. Ce n'est que *lord* Byron !

Reconnu, en éclairant mieux le tableau, que ce que j'avais pris pour une draperie tombant d'une colonne, est un drapeau sur lequel cette tête militaire trouve bien son dernier oreiller! Adoucissement du martyre, que la mort dans un étendard! Une telle pensée est digne de Van Dyck qui a *écono-*

misé l'horreur de son drame. Il l'épargne (l'horreur), même à son martyr, en changeant, par la vertu de ce drapeau contre lequel il l'appuie, le tertre piétiné, boueux et sanglant du supplice, en l'illusion d'un champ de bataille!

Quant au portrait attribué au *Guide*, pas fléchi d'une ligne dans mon impression d'avant-hier! — C'est toujours aussi profond, aussi puissant,... aussi replié et sourcilleux de réflexion qu'avant-hier! — La tête de ce vieux pasteur d'hommes, qui tient sa crosse de manière à faire trembler son troupeau, est plus étonnante que le talent du peintre qui l'a retracée, car on sent bien que cette tête à dû exister; — elle respire de réalité. — Quel portrait à mettre dans le cabinet d'un homme d'État moderne *pour lui apprendre la force*, ou *la lui faire voir!* ce que les hommes d'État des temps modernes ne connaissent plus! — S'il y a de la force encore dans ce temps énervé, ce n'est pas en haut, — c'est en bas. Mais, comme les forces d'en bas, c'est sans direction et sans lumière. Les hommes des classes élevées ont, eux (quand ils l'ont pourtant), la lumière, la faculté dirigeante, la politesse, des qualités enfin, dont l'histoire leur tiendra compte, mais la force, non! — Ils l'ont perdue. Peut-être ne faut-il pas trop de lumière pour être un homme d'État; ou, du moins, faut-il être plus fort que *sa* lumière, — savoir, pour agir, l'éteindre comme on éteint son flambeau. — On dit qu'en montant dans l'atmosphère, l'homme perd ses forces et s'évanouit. — Les classes élevées, qui habitaient là-haut, se sont évanouies...

Revenus à la Vierge d'*Hemling*. — Aussi poignante de beauté douce, — aussi exquise, — aussi divine de virginité qu'à la première fois. — Quels yeux baissés! — Elle serait nue, que ses paupières baissées ainsi la couvriraient toute mieux qu'un manteau qu'on laisserait tomber sur elle. — Je la croyais brune, elle est blonde; mais cette chevelure d'or est si épaisse, que l'or se brunit par la force de son épaisseur. — C'est le plus magnifique *auburn*, comme disent les Anglais, car nous n'avons pas en français de nom exact pour cette couleur, — de

l'*éclat* passant *au profond*, — de l'or se
fonçant jusqu'au bronze, sans cesser pour
cela d'être de l'or. — Très difficile de dé-
tailler cette perfection dont l'ensemble est
une harmonie, et l'harmonie, le plus délicat
et le plus mystérieux des sentiments. — Le
Peintre, en peignant la Mère de Dieu, a
conservé toutes les faiblesses de la femme,
et voilà pourquoi cette beauté céleste est
comprise de nous, malgré les soixante atmosphères de pureté qui nous en séparent.
— Elle est très droite, très *perpendiculaire-
ment* posée. — Les êtres purs sont droits.
— A la taille et au mouvement, on reconnaît les femmes chastes; — les voluptueuses
traînent, languissent et se penchent, toujours sur le point de tomber! — La manière
dont le front et le nez se tiennent, dans
l'ovale un peu allongé de ce visage, — un
rêve *corporisé* par le génie! — est, je crois,
ce qu'il y a de plus surprenant dans ce
surprenant tableau. — Le nez, droit et pur,
ni juif ni grec, le nez devait être le trait le
plus accompli de cette tête adorable, parce
que le nez est le trait qui révèle le plus le

fond de notre âme, sa manière d'être habituelle, sa *statique* et non sa *dynamique*. Or, l'âme de cette Vierge ne remue pas; — nulle passion ne la meut et l'agite; — elle est immobile, comme une fleur dans un air bleu, à midi. — Le nez devait donc exprimer cette pose d'âme tranquille comme l'innocence, mais qu'un souffle ferait frissonner comme la feuille du tremble, si la feuille du tremble avait du sang de femme dans ses nervures! — Le grand artiste est arrivé par l'instinct à l'accomplissement de cette loi. — Je crois donc le nez le trait principal et le plus merveilleux de cette tête, inouïe pour les yeux. — Un des seins est nu, et bombe avec une hardiesse qui ne nous trouble pas, malgré sa beauté drue, tant nous sommes sous le charme des *sentiments* et non des *formes*, en regardant cet incroyable portrait! — Ève, avant son péché, devait porter le sein comme cela. C'est si intrépide, l'innocence! — Ce sein-là avait résolu la question de l'Immaculée Conception avant que l'Église ne l'eût décidée.

L'Enfant Jésus a quitté le sein de sa mère, et il regarde dans le rayon, — dans le vide, comme les enfants, — avec une bouche entr'ouverte qui est comme un troisième regard. — La tête de l'Enfant-Dieu est un *chef-d'œuvre de brosse*, disent les techniciens, mais je me soucie bien des jargons savants du métier! — Ces deux sphères qui sont le monde tout entier, — la tête de l'Homme-Dieu et le sein de la Femme, sa mère, ainsi rapprochés l'une sur l'autre, sont le symbole de l'humanité dans une seule et touchante image, car l'humanité tout entière se résume dans la tête de l'homme et la poitrine de la femme. Elle est toute là, et pas ailleurs! — C'est la Vierge qui éclaire le tableau. Le fond est presque aussi noir que la robe de la Vierge, qui est noire. Toute la lumière vient de *dessous* ce visage, clarté et transparence. — « Mère!... » — disait un soldat russe, un poète anonyme, à Catherine II, qui passait dans un corridor sombre où il était en sentinelle. — « Comment m'as-tu reconnue? demanda-t-elle, il fait nuit ici. » —

« Pas maintenant, dit le soldat. Où vous êtes, il fait jour! »

Mis à genoux pour regarder les yeux de ce portrait, sous leurs longues paupières, pour voir ce visage de bas en haut, — car les femmes sont plus belles vues d'à genoux, quand vraiment elles sont belles. — Cent fois plus divine, vue *de là*, que de face et rectangulairement; — c'est d'à genoux qu'est le vrai point de vue du tableau, — j'en avertis ceux qui veulent bien voir. Le peintre savait qu'une telle image serait adorée, et il a voulu ravir ceux qui ont le bonheur et la supériorité de la foi et de la prière, — ou plutôt il n'a rien voulu. Il a agi comme le génie, l'inspiration, les forces divines tombées pour quelques secondes dans l'homme. Il n'a pas su ce qu'il faisait. « Les hommes de génie, a dit Gœthe, ressemblent aux mères qui ne savent pas comment elles s'y sont prises pour faire de magnifiques enfants! »

La Vierge d'Hemling empêche de voir bien les autres richesses d'art de M. M... — Il m'a fallu regarder pourtant un portrait, fait sur le vif, dans la prison même, de *Charlotte Corday*, — un pastel. — Elle méritait un pastel, cette fille qui a, malheureusement pour elle, du dix-huitième siècle dans sa grandeur. On le reconnaît au galbe de cette figure qu'aurait aimée Louis XV, mais où la lymphe empâte légèrement le menton et les joues, comme les froideurs de la philosophie empâtent l'héroïsme de cette beauté qui tua si froidement. — Œil bleu, bouche aux commissures retroussées; tête à placer dans un trumeau, l'air souriant et pimpant. On comprend que le sale Marat fit une horreur profonde à cette cornette propre et attifée, et lui donna la force de se servir de ce couteau, acheté pour le rouiller dans cette fange, et qu'elle porta, toute la journée qui précéda le coup, dans la poche de son déshabillé blanc.

Revenu à l'hôtel, — rencontré une ou deux figures de femme sortant de la vulgarité ordinaire, — puis allé dîner chez M. B..., qui a été très chaud d'hospitalité et très ami d'expression. — Dîner cordial et gai. — Au dessert est venu le docteur

V..., dont je ne connaissais que le profil.
— Ne m'avait pas remarqué autrefois (voilà
pour ma chienne de fatuité), par conséquent
ne m'a pas reconnu. — Très spirituel,
léger comme un verre de champagne, —
vicomte de J... pour le ton, le geste, la
physionomie, l'intention, l'intonation de sa
charmante plaisanterie ; — le vicomte de J...
complet, revenu au monde et médecin. —
Si cet homme-là n'a pas le scepticisme de
son art, il est diablement fort, car il a les
formes délicieusement détachées et légères
du scepticisme. — Je ne m'étonne pas qu'on
soit spirituel en province, mais si *frisque*,
si feu grégeois, c'est même rare à Paris !
— Il doit me conduire demain au B... S...,
me faire voir les fous et en particulier
Des Touches, un héros de la chouannerie
sur lequel j'ai un livre commencé, — un roman à la manière de Scott. — Ce n'est pas
le docteur qui m'a appris la folie de cet
homme ; je la savais, et d'ailleurs un personnage de *ce passé* tombe dans le domaine
de l'histoire. L'intérêt des familles ne vient
qu'après. Je ne vois pas, du reste, ce qu'il

faut cacher d'une folie qui est le fait d'une noble ambition trompée et du ressentiment de grands services méconnus. Il n'y a de honte que pour les gouvernements ingrats qui furent cause de cette infortune. — Allé chez Trébutien achever la soirée. — Rentré, — une petite pluie fine. — Mon amphitryon veut que je déjeune demain chez lui avec le maire de Saint-Lô, M. D... — Accepté !

4 octobre, samedi.

Levé de très bonne heure ; — habillé de suite et d'un trait. — Le docteur V... devait venir me chercher pour me montrer les fous, dont il a le département au B... S..., et je voulais qu'il me trouvât sous les armes. — Venu à neuf heures. — Partis en cabriolet pour le B... S... — Vu huit cents fous à peu près. — Très intéressé par cette visite. — Le Docteur a eu la bonté de dire aux religieuses que j'étais un savant *étranger*, — un savant *étrange* plutôt ! — Il y avait une religieuse, — celle qui sonnait la

cloche, — qui ressemblait à ma mère, — à
ma mère d'autrefois. — Je la vois partout
depuis que je ne l'ai plus comme elle était,
ma pauvre mère. — Vu, les uns après les
autres, tous les degrés de la folie, depuis la
folie jusqu'à la démence. — Le Docteur fait
militairement ranger ses malades sur les
quatre côtés des salles, avec les gardiens
qui les maintiennent, et il passe la revue de
tous, s'informant à la religieuse ou au gardien qui l'accompagne des besoins et des
accidents du malade. — Il parle à ces alié-
nés avec douceur et autorité, comme un général sur un front de bandière. — Si l'un
d'eux (ils sont libres, chapeau ou casquette
à la main) entre en fureur, deux hommes ou
trois le prennent et l'emportent, comme une
bonne emporte l'enfant qui crie, — c'est
aussi vite fait. — Magnifique, presque magique de rapidité ! — Comme j'admirais la
manière preste dont se pratiquait cet enlèvement, le Docteur m'a dit que si l'on hési-
tait, si l'on avait une minute de faiblesse ou
de retard, ils seraient *tous*, immédiatement,
en pleine révolte et indomptables ! — Ils se-

raient les maîtres. — J'ai pensé aux hommes d'État, — quelle bonne étude à faire ici de la répression des émeutes! — Les peuples se mènent comme les fous. — La folie ne change pas beaucoup, *en masse*, l'état des choses. — Fous ou sages, les hommes se mènent en bloc de la même manière, — un œil qui voit pour eux, et quatre mains qui les forcent à obéir. — J'y ai bien réfléchi : j'ai lu attentivement l'histoire. L'état de tutelle est normal à l'esprit humain, et la vue fausse des esprits modernes, c'est d'admettre que cet état de tutelle est transitoire et que la gloire de la civilisation est de le finir. — L'orgueil de l'homme le commence en Titan, mais il le termine en Jocrisse. La pointe de la pyramide d'un orgueilleux, c'est un niais !

Comme, dans l'humanité, les grandes passions sont rares, la folie furieuse est la moins commune chez les fous. — Ce qui m'a le plus frappé, le plus pénétré, ce qui m'a paru *inoubliable* d'impression, ce sont les fous tristes. — Il y en avait plusieurs parmi tous les autres gais, hébétés, bavards, *partis*, lesquels avaient des attitudes de désespoir, d'accablement, de ciel tombé sur leurs têtes, qui m'ont fait penser à quelques vers de l'*Enfer* du Dante; — parmi les choses tristes, je n'ai jamais rien vu de plus triste. — Quelles poses inouïes à étudier pour un sculpteur! Quelles admirables cariatides! Quels bas-reliefs! Quelles poses tumulaires! Tout cela marqué d'un caractère que je nommerai, mais que je n'exprimerai pas comme je viens de le voir, l'*intensité surhumaine de la douleur*. Surhumaine, en effet, puisque l'humanité est restée sous le coup, tuée dans sa partie intelligente et lumineuse. Quels fronts penchés, quelles torsions du cou sur la poitrine, quels entrelacements de bras par-dessus la tête, quelles manières d'être assis par terre ou de s'incruster dans le mur, ou de se tenir le visage entre ses mains ou ses genoux!! — C'étaient presque tous des gens grossiers, laids de galbe, *ords* de vêtements, des gens appartenant aux dernières classes de la société; eh bien, il y avait de l'*idéal antique* dans leurs poses.

— Ils faisaient penser, j'ai dit déjà au Dante,

mais à l'Hécube, mais aux femmes assises
par terre qui commencent d'une manière si
terrible le drame de Shakspeare, *Richard III!*
— L'absorption en eux-mêmes, une absorption tragique, épouvantable, dévorante, tarit
tout en eux, même le regard. — Sont les
seuls parmi les fous qui ne regardent rien,
qui ne prennent nul souci du monde exté-
rieur. — Vous allumeriez l'incendie à leurs
pieds qu'ils ne bougeraient pas! Passés à
l'état de pierre stupide, au fond de laquelle
suinte quelque chose qu'on ne voit pas et
qui est le désespoir et l'insanité. — Leur
immobilité est d'un *morne* qui fend le cœur.
— Ils révèlent l'éternité du supplice par
l'immobilité rigide de la pose. — Cela est
incomparable d'effet. — Presque tous regardent la terre. Justification du mot, sublime
d'observation, de Jean-Paul : « Quand on
pense au passé, on regarde la terre; quand
on pense à l'avenir, on regarde le ciel. » Ces
fous tristes sont des malheureux, — la cause
de leur folie est une douleur, un chagrin
dans leur vie, — ils regardent la terre : ils
n'ont plus d'avenir.

Vu les fenêtres du pavillon qu'habita *Brummell* dans les derniers temps de sa vie, — le *pavillon de Hanovre* de sa folie. — L'historien et le médecin de cet homme — qu'avait aimé George IV et qu'avait envié Byron — étaient là, à trois pas du dernier théâtre de ce dieu de la Mode, qui avait eu l'Angleterre pour théâtre, — et le médecin donnait à l'historien des détails si dégradants pour l'ancien *Beau*, que même ici, dans ce *Memorandum* intime, il est impossible de les répéter. — Ce pavillon est habité par les gens riches attaqués de manies douces ou mélancoliques, mais en restant dans les nuances *peu appuyées* de la mélancolie. — Le Docteur m'a fait voir un poète, — charmant de ton, de politesse *comme il faut*, d'usage du monde, de connaissances littéraires, ému, de bonne humeur, presque heureux, mais qui fait des vers *sans aucune espèce de sens quelconque;* — vous diriez des mots ramassés dans un dictionnaire, dont le vent tournerait les pages. — Ce poète est, je crois, un marquis, — l'air très aristocratique, superbe figure et très sympathique,

— ressemble étonnamment à Chap..., qui est si beau. On dirait son père. — Cet homme a soixante-trois ans, — m'a donné deux pièces de vers de sa façon qu'il venait d'écrire, — écriture *honorable* et *franche* (je crois aux écritures comme aux physionomies). Nulle trace d'égarement ; mais les deux pièces, c'est de la folie en ébullition, et de la folie sans éclair !

Enfin vu mon *héros*, — celui pour lequel j'étais venu exclusivement au B... S... — Il était assis sur un banc de pierre, sous l'arcade d'une galerie qui donne à la maison du B... S... des airs d'ancien cloître. — Le docteur est venu à lui en l'appelant par son nom ; il s'est alors levé de sa place, nous a salués très poliment, et le Docteur a voulu, en restant à lui parler, me montrer ce qu'était devenue cette tête échappée aux coups de fusil, et pour laquelle la balle d'un Bleu vaudrait mieux actuellement que la vie. — Des Touches est complètement fou, mais il est trop organiquement fort pour être idiot. — C'est un homme que le temps a légèrement courbé, ou plutôt rapetissé, mais vigoureux,

— l'air d'un marin de ces côtes qu'il a tant parcourues, où il a tant abordé du temps des Chouans! — Il était vêtu d'une grande veste d'une espèce d'alpaga brun, — une veste dans le genre et la forme de celle des matelots, — le pantalon large de la même étoffe, — la cravate bleu clair, — et il avait une casquette. — Tout cela très propre, — oui, un matelot à terre, à *son* dimanche! — Voilà sa mise et sa tournure. — La figure est tannée, mais vermeille. Le sang de cet homme, — tempérament sanguin, nuancé de bile, — est jeune encore malgré son âge. — Le visage est étroit, mais assez régulier, — le nez en bec d'oiseau de proie; — ce qui lui reste de cheveux est blanc. — Nulle distinction que celle de la force. — Évidemment, cet homme n'est qu'un homme d'action, tout muscle, nerfs et volonté. — Il devait faire de l'héroïsme de troisième main, — ne pas commander, — porter une correspondance à travers tout et s'en tirer, — mais ce ne pouvait être un chef. — Il ne l'a pas été non plus.

Nous a appris qu'il était de Granville.

Puis s'est mis à divaguer de la plus déplorable façon, disant au Docteur qu'il avait *deux mille ans*, lui, le Docteur, et autres folies; — puis, moi, je suis intervenu, et brusquement lui ai jeté au nez : « *Vous rappelez-vous votre enlèvement de la prison de Coutances, monsieur Des Touches ?* » — Un éclair, non pas d'intelligence, mais de mémoire, a traversé son œil bleuâtre (ce qui, par parenthèse, a frappé et étonné le Docteur, qui le croyait dans l'impossibilité d'avoir même un souvenir), et il a dit que *oui*, s'est animé et m'a appris le nom — que je ne savais pas — de son juge, du juge qui l'avait condamné à mort, Le F... — « Et *Juste Le Breton*, lui ai-je dit, vous le rappelez-vous?... » — A répondu *oui* encore, mais évidemment l'éclair de mémoire était déjà passé, et il ne se *le* rappelait plus. — La divagation folle, et toujours en s'animant de plus en plus, est revenue. — Étonné « d'être enfermé *dans cette maison*, lui, le gouverneur de Caen depuis trente-trois ans! » — Préoccupation et cri de l'ambition trompée! — C'était le secret de sa folie! —

L'avons quitté délirant, mais en très bons termes, — choisis, simples, corrects ; — les habitudes de l'éducation imposant leur ancien langage à la folie. — Nous a quittés poliment, comme il nous avait abordés, et a repris son banc sous l'arceau de pierre. — Je me suis retourné pour le voir une dernière fois ; — il était calmé, mais sa poitrine se soulevait encore ; — ses yeux, bleus comme cette mer qu'il a tant regardée dans le calme, la tempête et les brumes, — ces yeux, qui perçaient tout et qui ne percent plus rien, étaient vaguement arrêtés sur les plates-bandes de fleurs rouges du jardin, qu'ils n'avaient pas même l'air de voir !

Ai pensé au *Ferragus* de Balzac... — Presque même organisation, presque même folie, mais Ferragus est plus grand : — un si grand poète y a passé !

Une des plus touchantes images que j'aie remportées de cette visite, si intéressante pour moi, c'est la figure, l'attitude, la folie douce et imperceptible, le rêve plutôt que la folie d'un prêtre jeune encore, assis contre le mur, à l'air, dans le jardin, car il n'y

avait pas de soleil. Le temps était du gris
que j'aime, et s'harmoniait bien, ainsi que
les fleurs du jardin, avec cette tête douce,
un peu longue, presque blanche de pâleur
sous sa calotte de velours noir, résignée, un
peu égarée, mais pensive... pensive à quoi?...
C'est le curé de M... Je n'ai pas voulu interroger le Docteur sur la folie de ce prêtre
si poétique, et si aimablement souriant contre son mur. Son bréviaire reposait à côté
de lui sous sa main blanche, amaigrie, et
veinée d'un bleu appauvri... Il m'a semblé
que l'Ange gardien de ce prêtre était à l'autre bout du banc et le regardait avec ses
larmes d'ange, que j'ai vues parfois dans les
yeux de quelques bonnes femmes sur la
terre!

Revenu avec le Docteur, — regrettant de
ne pas visiter les folles de l'établissement;
mais M. V... n'est chargé que de la section
des hommes. — Allé déjeuner chez M. B...
— Causant, mais l'esprit *songeant* à mon
prêtre, victime encore plus que moi de ses
songes. — Repris Trébutien à la Bibliothèque, — fait avec lui diverses choses, — en-

tre autres dîné. — Le soir, avons causé et lu avec M. Le Flaguais, qui a été le troisième de notre cellule.

— Connais-tu ces solitaires ?...

comme dit Guérin. — M. Le Flaguais, le poète. — Goutte de vie dans une coupe de poésie. Précisément le contraire de tant de gens, qui ont à peine une goutte de poésie dans le large godet de leur existence! — Soirée agréable et cordialement intellectuelle. — Rentré à l'hôtel.

5 octobre.

Aujourd'hui dimanche, réveillé presque par le bruit des cloches, qui babillaient joyeusement, de la *Gloriette*, ma voisine. — On entend mieux les cloches à Caen qu'à Paris et elles ont la voix plus joyeuse. — Lu et écrit jusqu'à onze heures avec attention et fraîcheur de tête; — déjeuné sobrement; — habillé, — payé une note, — et prêt pour la messe de midi. — Sorti, — ai

descendu la place Royale sous un ciel orageux, gros de pluie, — chauffée par un soleil
qu'on voit presque, à travers les nuages.
Suivi la rue de la Poste, sans rencontrer
qu'une ou deux bourgeoises, bien communes
dans leurs robes de soie, et des vieillards
endimanchés. Entré à la *Gloriette*, — donné
l'aumône aux vieilles femmes du porche;
— je les trouve heureuses d'être là, à la
porte de Dieu, comme les vieilles hirondelles
dans les corniches de l'église. — Elles ont
le nid, et les passants, qui entrent ou sor-
tent, leur donnent la pâture, la manne de
quelques sous, qui leur suffisent et leur pa-
raissent délicieux. — Qu'a-t-on besoin de
plus pour finir sa vie et en soutenir les dernières bribes?... Écouté la messe, le cœur
plein de l'*Ange Blanc* qui venait de prier
pour moi à un autre autel, comme je priais à
celui-ci pour elle : — deux autels séparés
par l'espace et rapprochés par l'amour. —
L'église sombre. — Trébutien ne l'aime pas.
— *Architecture de Jésuites*, dit-il avec assez
de mépris. Il a raison. Grands dans tant de
choses, les Jésuites sont petits dans les arts.

Mais, moi, qui ne suis pas dilettante d'architecture, mais un barbare à sensations, j'ai
trouvé à la *Gloriette* caractère d'église, — le
jour y filtrait, — triste, — et cela m'a suffi
pour me pénétrer. Assez de monde, — mais
continuation du même phénomène d'aridité en
fait de femmes; — pas un visage *portable* ou
supportable, et des robes à déshonorer des
couturières! — Ai laissé défiler toute cette
plèbe humaine, — et suis allé chez Trébutien
le prendre : — il me conduisait au Musée.

Quoique ayant habité Caen autrefois, —
et plusieurs années, — je n'étais jamais entré là. — A cette époque, je m'occupais peu
de peinture, car, en une foule de choses,
je ne me suis développé que tard, — et,
d'ailleurs, l'être vivant me passait alors un
peu plus près du cœur que son image. —
La femme me *bouchait* tout, m'empêchait
de voir, me fermait le monde. — Trébutien,
qui a la coquetterie de sa ville, m'avait dit
que le Musée de Caen avait deux ou trois
toiles vraiment supérieures, et, malgré cette
préface, ce que j'ai trouvé m'a encore sur-
pris.

Il y a d'abord un *Pérugin*, — le Mariage de la Vierge (le *Sposalizio*), — une chose de premier. ordre en art chrétien, et qui nous montre combien Raphaël est grand, puisqu'il a pu planer sur cela et refaire ce tableau superbe ! — Lignes, ordonnance, composition, transparence d'atmosphère et profondeur, tenant à la pureté d'éther qui enveloppe et baigne le temple, voilà ce qu'il y a d'incontestablement beau dans cette peinture, que mon jugement reconnaît pour très belle, mais qui ne me donne aucune émotion. — Je n'accuserai pas mon christianisme, car Fiésole, le peintre de la lumière *intérieure* du ciel, m'émeut avec une joue de Vierge et un petit moine de deux pouces, agenouillé au bas d'un autel. — D'ailleurs, malgré le despotisme de l'idée commune, dans ce Pérugin, les têtes et les attitudes sont bien moins naïves qu'on ne croit. — Le jeune homme qui rompt la baguette est presque mignard. Rappelez-vous-le dans Raphaël ! Quelle forme et quel mouvement ! Si la grâce n'était pas la plus immatérielle des beautés qu'a créées Dieu, on dirait que ce dos charmant,

et ce genou qui se ploie sur le souple cou-
drier, plient tous les deux sous le torrent de
grâce que la main de Dieu, par la main du
peintre, y a versé. — Cela n'a de rival, dans
la grâce humaine, que le saint Jean de Léonard de Vinci montrant le ciel. Seulement,
aussi divin par la grâce, le saint Jean de
Léonard n'a pas de rival pour la beauté,
même chez Raphaël!

Il y a ensuite un *Paul Véronèse*, d'un
éclat, d'un coloris, d'une opulence et d'une
vigueur de composition étonnante. — C'est
une *Tentation de saint Antoine*. — Le
Saint, renversé par le foudroiement de cette
apparition, d'une beauté infernalement charmante, qui se penche sur lui pour l'em-
braser, a voulu se soustraire à l'ensorcel-
lement de cette vue terrible en cachant ses
yeux et son visage dans sa main, mais la
Sirène de l'enfer a pris la main du Saint et
la maintient dans la sienne, le forçant de
la regarder. Ce mouvement est d'une audace d'expression, — intraduisible ici. Il
faut le voir! La tentatrice tient la main du
Saint *à poignée* dans sa main fondante,

avec un frémissement de doigts presque obscène, et elle lui avance sa gorge nue, — une gorge d'Astarté, — tout près du visage, comme une corbeille de raisins mûrs dans laquelle elle lui dirait : Mords! — Le Saint est un merveilleux athlète, aussi fort que la femme est belle ; — attaque et résistance s'équilibrent. — Toutes les forces de la vie bouillonnent dans ce magnifique tableau, un des plus voluptueux qu'ait produits le Génie voluptueux de la Renaissance. — Le Saint est dans l'ombre, car de tels rêves et de telles tentations ne viennent que la nuit, et la femme est éclairée d'une lumière crépusculaire et mystérieuse, qui adoucit et lustre la hardiesse osée de ces contours qu'elle prodigue avec un regard si sûr d'elle. . . . .

. . . .

Enfin, la troisième très belle chose qui m'ait frappé au musée de Caen, c'est une grande ébauche de *Gérard*, que le nom de Gérard les empêche peut-être de jeter dans quelque grenier, sous prétexte qu'une si énorme toile est très difficile à placer.

Mais moi, je ferais bâtir une salle, pour y placer ce tableau épique dans une solitude digne de *lui!* C'est une page d'Homère, interprétée par une tête qui a oublié le monde moderne et son *étriqué!* — C'est la correction de David, *plus* tout ce que David n'a pas! Le sujet est la mort de Patrocle et le désespoir d'Achille. Comme dans l'*Iliade*, Achille emplit si bien toute la scène, — car dans l'*Iliade* il la vide quand il est absent, — qu'on ne voit qu'Achille au milieu de ces groupes tout-puissants, et qu'on a beaucoup de peine à s'arracher de lui pour les regarder. Il est au centre de la composition, ordonnancée avec une grandeur et une naïveté antiques, — les Anciens étaient plus sincères que nous : ils ne rougissaient pas de leurs larmes, ils savaient pleurer. — Tout ce tableau pleure, mais les pleurs d'Achille sont les plus sublimes. Ils ne coulent pas sur son visage de demi-dieu. Ils restent dans ses yeux céruléens, mais l'entr'ouvrement de sa bouche, la crispation de ses narines, disent assez quelle douleur immense et fougueuse,

quelle douleur irritée, jette son cri contre
le ciel et contre Troie! — La bouche et
les narines, en proie aux cruautés de la douleur, voilà ce qu'il y a de plus beau dans
cette tête divine qui souffre et qui garde,
dans la souffrance opprimée, tout l'éclat et
l'éternelle fraîcheur d'un Dieu! C'est, en
effet, malgré l'angoisse et la colère moulées
sur cette bouche qui crie, comme un lion
blessé aux deux flancs, c'est toujours là le
fils de Thétis, le trempé du Styx, l'immor-
tel! Pas une meurtrissure sur ses joues, —
l'azur océanique de ses yeux est d'un bleu
plus fulgurant à travers les larmes, — le
rose ardent des lèvres ne s'est pas noirci
sous les vagues de sang de la colère qui y
est montée, non! tout étincelle, tout est
splendide, tout est rayonnement dans cette
douleur d'un cœur d'homme qui passe,
sans les ternir, à travers les organes éthérés
d'un Dieu! Achille est debout, une main
menaçante tournée vers Troie et vers le
ciel tout ensemble (mouvement complexe
d'une entente profonde, car il s'en prend
de la mort de Patrocle autant au ciel qu'aux

Troyens); l'autre main est enveloppée dans son manteau, tortillé par le vent ou par sa colère avec un *jeté* si fier et d'une rencontre de plis si heureuse, qu'on dirait que le fils de Thétis sort de la conque d'azur qui recouvre le char de sa mère! La pose est si enlevée, du reste, les éléments qui composent ce corps, d'une si merveilleuse nudité, ont une telle légèreté et une telle diaphanéité, que toute *cette force au désespoir* n'opprime pas la terre, et ne pèse pas plus *dessus* que l'homme qui s'élance d'un char et qui n'est pas encore tombé sur le sol! — Le visage de dieu est de trois quarts. L'angle facial grec s'ouvre sous une chevelure d'or vivante, les serpents de Méduse, mais sous une peau de soleil! Les Anciens aimaient à révéler le dieu par la chevelure. L'or de celle d'Achille est un or olympien qui ne se trouve pas dans les mines de la terre. Le bleu des yeux, ce pers réservé aussi pour les dieux, la nacre des narines et le corail de cette bouche inouïe, tout rappelle la mer dont il est sorti, la déesse des mers et des trésors liquides... Qu'aurait dit Gœthe en voyant cela?...

Trébutien m'a fait remarquer le torse d'une jeune fille, — un torse de fleur, si les fleurs avaient un torse, — qui offre à l'adoration ce dos souple et doux, qui rend la volupté rêveuse en le regardant. Mais qu'est-ce que ce détail à côté de l'Achille?... L'œil remonte de ce torse vers le demi-dieu, et n'en redescend pas pour le retrouver.

A dater d'aujourd'hui, Gérard est pour moi le plus grand peintre de l'École française. — Trébutien m'a montré aussi un *saint Sébastien*, à qui une femme ôte ses flèches. Idée tendre. La femme est belle et rappelle l'image de Shakspeare, *la Patience qui regarde la Douleur;* mais j'avais les yeux pleins d'Achille : je ne voyais plus bien...

Rentré, — reçu une visite de M. M... — Dîné, — fin de journée comme toutes nos fins de journée ici : — la causerie au coin du feu, intime. — Heureux, du reste, dans une bonne disposition intérieure : j'avais reçu une lettre de l'*Ange Blanc*.

C'est vrai que Marie de B... ressemble à Mme de *Parabère*. L'*Ange Blanc* avait trouvé très justement cela. Il y a ici, au Musée, un magnifique portrait de cette femme par Antoine Coypel, et c'est Marie, de galbe et d'éclat, et de bonne humeur, de bon *caractère* dans la beauté; mais Marie est supérieure de transparence jeune et d'innocence dans sa cordialité. Comme disait ce prêtre, qui ne se savait pas si sublime, « son ange gardien a toujours vu Dieu! » tandis que celui de Mme de Parabère a vu Monseigneur le régent.

6 octobre, lundi.

Levé une heure plus tard, — nuit agitée, — un peu de fièvre; travaillé et écrit du *Memorandum* pour Trébutien, puisque, pour marquer mon passage, il veut que j'enfonce, comme le pontife romain du temple de Minerve, ce clou dans le mur de sa ville! — Habillé vers une heure, sorti, —

temps automnal, — allé à la Bibliothèque, — lu deux pièces d'Hégésippe Moreau, pour donner à Trébutien une idée de la *pureté mûrie* de ce jeune homme, tué avant le temps. Son talent *ne pouvait* pas mûrir davantage. Voilà pourquoi *il pouvait* mourir. Sans contredit et sans comparaison, c'est le premier de la Bohême infortunée... Pauvre garçon! Il est mort de la *Maîtresse rousse* (l'eau-de-vie) et des rigueurs de la Fortune, cette autre *Maîtresse rousse*, car elle a des cheveux d'or, et elle n'en n'a jamais coupé une seule boucle pour la donner à cet amant adoré des Muses, qui lui eussent livré, elles, les chevelures divines de leurs neuf têtes à scalper! — Allé avec Trébutien chez M. B..., où nous avions pris rendez-vous. — M. B... est un artiste, *semé* par la destinée dans les affaires, comme une charmante fleur sur le toit d'un grenier! — C'est un paysagiste plein de distinction; — on dirait, avec sa vie occupée aux choses du commerce, qu'il va moins aux paysages que les paysages ne viennent à lui. — Nous a montré une belle collection de gravures allemandes d'après Overbeck. Il y a dans cette collection des choses superbes, naïves, chrétiennes, frisant le moyen âge (mais le fer n'est pas toujours assez chaud ou l'est trop). Seulement, ce qu'il ne faut pas perdre de vue, c'est qu'Overbeck n'est réellement supérieur que quand il cesse d'être Allemand. — Avons parlé de l'opportunité de refaire du catholicisme dans les cœurs, avec des images, au contraire de cette harpie de Réforme qui dégrada et souilla tout avec ses abominables caricatures.... Trébutien avait eu l'idée de propager ici les gravures publiées par la Société catholique de Dusseldorf; mais M. B..., non plus zélé, mais plus habile et plus heureux, la réalise. — M. B... a terminé son exhibition d'Overbeck par une *Bible* et deux grandes compositions sur l'empereur Frédéric Barberousse, d'un peintre inconnu encore, — oui, inconnu, si l'on mesure les rayons de sa gloire aux rayons de son génie! — C'est aussi un Allemand, mais la grandeur du génie Teuton l'élève plus haut que toute l'Allemagne actuelle. Quelle doit être la peinture de cet homme, à en juger par les gravures que nous avons vues aujourd'hui?...

Il s'appelle *Schnorr*, — quel nom pour la Gloire, quelle embouchure d'or à sa trompette! — n'a que soixante-quatre ans. Nul autre détail! — C'est encore « un gentilhomme couvert de son nuage, » comme dit ce mauvais plaisant de Shakspeare, — mais un de ces quatre matins, le nuage fondra et le gentilhomme fera faire antichambre à l'Europe à la porte de son atelier. — Le caractère de son génie (je n'hésite pas sur le mot), c'est l'immensité de choses que contient son inspiration! Grandiose, idéal, fierté, audace, profondeur, science de l'âme et des races, tout cela dans des proportions stupéfiantes. — Dans sa Bible, il y a un Goliath tué par David que l'on peut comparer au Goliath de Michel-Ange, et ce n'est pas Schnorr qui est vaincu! — Gustave Doré avait eu aussi le projet de faire une Bible: maintenant, je ne le lui conseille plus. Qu'il étudie Schnorr! Schnorr! un nom (futur), dans son art, comme Mozart et Beethoven dans le leur! Je voudrais pouvoir donner une idée de la vigueur, de l'impétuosité et de la longueur de mouvement de ce peintre extraordinaire. Les Cimbres fauchaient l'ennemi du haut de leurs chars. Eh bien, le *trait* de Schnorr est le vaste coup de faux des Cimbres fauchant la mêlée. C'est le Cimbre de la Peinture, mais il n'aura pas de Marius !

Revenus dîner à l'hôtel. — Parlé de ce Schnorr qui nous a tant émus, ne pouvant nous rassasier de ce beau nom, prédestiné à une éclatante renommée ; — s'il est permis de compter sur la Gloire, cette *Judas* des grands hommes, qui les baise parfois pour les trahir. — Après dîner, à la *cellule*. — Causerie du soir sur tous les sujets, comme à l'ordinaire ; mais il en a été *un* aujourd'hui que nous avons enfin abordé. — Je puis dire que j'ai couché T... sur ma table d'opération et que j'ai fait ce que Dupuytren (dont nous avons tant parlé dans nos lettres) fit sur le cœur de son Polonais, quand il lui eut rejeté la poitrine sur le visage. Le Polonais mourut, et Dupuytren en fut pour une opération sublime. Moi, je n'en serai pas pour la mienne. Le chirurgien de l'âme n'est pas de ce monde. Le mot d'Ambroise Paré est bien plus vrai de l'âme que du corps. Les âmes se *pansent* (seulement !) et *Dieu les guérit* (quelquefois !).

L'ai dit à T... : — étonné de le voir, avec une sensibilité si cruellement atteinte, un passé de douleur comme le sien, et à peine les marques au visage de ce passé, de la douleur et du temps ! — T... est exactement le même qu'il était il y a dix-huit ans ! Son corps n'a contracté ni accroissement ni diminution, — son œil est toujours la même pierrerie dans un velours noir. Il n'a pas un cheveu blanc, et son teint brun *se rose* quand il a une impression agréable... « Ma race est forte, » me disait-il hier, — et je le crois. Ces gens de *Fresney* ne sont pas des frênes, mais des chênes plutôt ! Harpe qui a gémi assez fort et assez longtemps pour que ses cordes soient cassées ; elles ne le sont point : elles sont d'airain.

Mardi 7.

Aujourd'hui, temps de tous les diables.
C'est pris de partout, — la pluie sans vent,
— perpendiculaire, — et tombant *indesinen-
ter!* — Nous avions une expédition à faire,
— à aller à ce qu'ils appellent ici la *Maison
des Gendarmes*, dont M. Ingres avait tant
parlé à mon père, sur la route de Saint-Lô à
Cherbourg qu'ils suivaient ensemble; — la
regardait, disait-il, *comme la chose la plus
curieuse qu'il y eût à Caen*, — opinion
étrange pour un homme comme M. Ingres!
— Et *Saint-Étienne?* Et l'*Abbaye-aux-
Dames?* Et *Saint-Pierre*, monsieur?...
Doit-on dire : les paradoxes des grands artistes en voyage, — ou leurs impertinentes
appréciations ? C'est l'obligeant M. M...
qui nous conduisait. — Allés en voiture, —
traversé le quartier Saint-Gilles, l'ancien
quartier anglais de mon temps d'Université.

—Quartier placide, clos sous ses persiennes, avec ses jardins fleuris de roses, entr'aperçues à travers des portes à claires-voies, d'où l'on voit la ville et ses rivières! — Vu la merveille de M. Ingres : — un mur crénelé reliant deux tours à plate-forme, — sur l'une de ces tours, un groupe de statues représentant des hommes d'armes, détachant bien leurs profils dans le bleu du ciel, quand il est bleu. — Aujourd'hui, il était d'un gris presque noir, désolé et sinistre ; — la pluie nous étoilait nos vêtements de ses grosses gouttes, à nous qui faisions de l'architecture au bas de la tour. — Sur cette tour, des médaillons en pierre qui ne mañquent ni d'art ni de poésie ; les uns y voient des empereurs romains (pourquoi?), les autres des têtes aimées, des légendes d'amour effacées. — Le Temps a le pied de cette femme de Shakspeare dont il est dit dans un de ses drames : Jure plutôt par son pied pour qu'elle puisse, d'un trait, effacer le serment! » Tout l'ensemble de ces murs et de ces tours, avec leurs fenêtres romanesquement grillées, où des fronts pensifs se sont appuyés dans des nostalgies de prison ou de cœur que Dieu peut-être seul a vues, oui, tout l'ensemble de cela a du caractère, mais ne vaut pas le cri *suprême* d'admiration de M. Ingres. — Allés à l'*Abbaye-aux-Dames* dont on restaure l'église, — restauration qui paraît intelligente. — Style roman du plus grand effet, — le style que je sens et que j'aime. — Sous des voûtes romanes, je deviens Mérovingien; j'appartiens au temps que mon imagination hante le plus dans l'histoire. — Entrés à l'Hôtel-Dieu, l'ancien cloître, transformé en un hôpital; — du moins, il n'y a pas de mésalliance! — Où furent les Maries de la contemplation et de l'amour, il y a les Marthes de la charité. — Admiré les lignes des cours, et la longueur de la colonnade qui soutient les arceaux. — Ce sont des dames de Saint-Augustin qui desservent la maison. Il y en avait une qui montait, — une jatte dans les mains, sa robe blanche relevée, — ces pans d'escaliers où la lumière tombe par nappes sur les marches. Et elle faisait bien, au tournant du balustre, avec sa jatte dans les mains. — Elle avait l'air de monter vers Dieu, les mains toutes pleines de bonnes œuvres!

Descendus dans la crypte de l'église. — L'avons vue d'abord avec un flambeau, — lueur tremblante, étoile perdue entre les entre-colonnements; — belle ainsi, mais incomparablement plus belle à la lueur glauque du jour qui y rampe. — Les fenêtres sont *entendues* avec génie, pour que le jour y passe sur les plans inclinés et profonds, au *fond* desquels ces fenêtres étroites sont encaissées, — lumière sépulcrale qui ressemble à l'aube du jour éternel. — La voix magnifique sous ces voûtes, — nulle humidité, nul froid, — sur la tête, le monde et son reflux, qui éloigne ses bruits comme quand la mer se retire. — Ici on comprend la vie des moines et leur mépris du soleil. — Au fond de la crypte, remarqué une inscription sur le mur ; — là, on a recueilli un tas d'ossements, il y a quelques années; — d'anciens ossements de religieuses. — Élégants squelettes, dissous, brisés, avec les débris desquels les petites filles des environs auraient joué aux *callouets*[1], sur l'herbe du cimetière, si on ne les avait pas soustraits aux profanations de cette enfance, insouciante comme notre oubli. — Remontés au jour et dans les galeries de l'Hôtel-Dieu. — Regardé, par les arceaux, le préau, aux lignes *rectes* comme la conscience et la vie des êtres qui ont vécu ici, borné par les gazons et les premiers arbres du parc où nous n'avons pas eu le temps de descendre. — Entrés dans la partie de l'église (en réparation) où l'on dit la messe. — Entr'ouvert le rideau de la grille du chœur, réservé aux religieuses. Vu le tombeau de la fondatrice Mathilde, la femme la plus grande du temps le plus grand. — La pierre qui recouvre le tombeau n'est pas de l'époque, mais seulement la table de marbre blanc posée sur cette pierre, et qui porte l'épitaphe en caractères du onzième siècle. — Monument de la mort, trop saint pour n'avoir pas été violé; il l'a été deux fois : par les protestants, et leurs fils, les révolutionnaires. — Tradition de

1. Osselets (normand).

sacrilèges que les générations qui passe-
ront sur nos tombes ne laisseront pas périr !
— Des deux côtés du tombeau, placé au
centre, sont des files de stalles en chêne
noir pour les religieuses qui, le dimanche,
y chantent l'office. — Quand elles sont là
dans leurs vêtements de laine blanche,
avec leurs voix claires, ce doit être un
spectacle imposant et charmant que toutes
ces femmes, — os blancs qui se tiennent
joints encore, et qui seront un jour, avec
les autres, scellés dans quelque mur !

De l'*Abbaye-aux-Dames* allés à l'église
Saint-Gilles, humble clocher, qui regarde
sa fière voisine l'Abbaye comme une
simple femme regarde sur les bords du
chemin une princesse. — En y allant, avons
aperçu au bout de la rue des Chanoines,
faisant vue d'optique, les tours jumelles du
vieux Saint-Étienne (*Abbaye-aux-Hommes*)
voilées d'une brume qui les rendait plus
belles, car les voiles embellissent tout ce
qu'ils cachent, et ce qu'ils révèlent : —
femmes, horizons et monuments ! — Restés à regarder les tours, qui voient venir et

se briser le temps, à leur pied, depuis huit siècles. — De *cette fois*, c'est tout ce que je contemplerai de Saint-Étienne, où j'ai tant écouté vêpres, — ce bel office catholique, — aux approches de Noël, quand j'étais étudiant, — vêpres au jour tombant, par un ciel sombre qui sied à cette architecture! — Entrés à *Saint-Gilles*, — accablés par la beauté des bas côtés, — un chef-d'œuvre de style, marqué, dit-on, pour la destruction. — On n'abat pas ici que les saules! — Le Beau, sous toutes les formes, est désagréable aux économistes et aux bourgeois, — c'est une injure personnelle! — La lorgnette de ces gens-là est une pièce de cent sous. Ils ne voient pas à travers.

C'est une question d'écus et d'économie qui va *tuer* Saint-Gilles, dont les bas côtés sont de l'aspect le plus impressionnant et de l'art le plus profondément chrétien, — une œuvre de géants humbles! — Nous sommes assis sur le banc des pauvres, à droite, pour jouir du coup d'œil des cintres abaissés, qui se creusent en s'abaissant toujours plus dans la perspective. — Le dominicain *Piel* (nous a dit Trébutien), alors qu'il n'était encore qu'architecte, était venu s'asseoir à la place où nous étions et y passait des heures à prier et à rêver, — jouissance d'artiste et apprentissage de moine! — Il est mort encore avant le monument, mais le monument va le suivre. — Excepté nous, tant que nous serons debout, qui gardera trace de l'objet, cause de la rêverie, de la rêverie et du rêveur?...

Remontés en voiture. — Notre *cicerone*, M. M..., nous avait priés à déjeuner à l'*Hôtel d'Espagne*, — déjeuner savoureux et bon, — normand de tout, de sentiments, d'hospitalité et de propos, — la pluie rayant les vitres au dehors et fouettant la fenêtre. — Revenus dans l'après-midi chez M. M... Revu une dernière fois la Vierge d'Hemling, — étoile fixe dans mes admirations, toujours à la même place de mon âme! — M. M..., qui a tous les genres de richesse, nous a fait feuilleter un manuscrit du quinzième siècle, un missel splendide, à dégoûter de l'imprimerie, de nos gravures, de nos arts mesquins et prétentieux! — J'ai pensé à l'*Ange Blanc*, dont les mains mystiques tourneraient si bien les feuillets de ce beau missel, et dont le front, aux tempes de crucifiée, quand elle relève ses cheveux comme j'aime, ferait si bien, penché sur ces chrétiennes images! Le vélin du manuscrit renverrait son reflet au vélin du front, et en doublerait la douceur pensive et charmante! — M. M... nous a montré aussi un recueil d'anciennes poésies, qu'il faudrait réimprimer avec une introduction. Voici le titre : *RECVEIL des plus beaux Airs accompagnés de Chansons à dancer, Ballets, Chansons folastres et Bachanales, autrement dites Vaudevires, non encores imprimés... A CAEN. Chez Iaques Mangeant. M. DC. XV.*

Ce recueil ignoré, comme une perle tombée dans la mer, il y a deux siècles, renferme trois espèces de compositions, — des *chansons à danser*, — des *chansons à boire*, — et des *chansons à aimer*. — La perle a trois nuances. On ne sait pas quelle est la plus belle. On sait seulement celle qui plaît

le plus! Les *chansons à aimer* sont des élé-
giès pleines de charmes où le sentiment de
la femme, de la conscience qu'*elle a de sa
grâce*, ferait croire qu'une femme est l'auteur de ces chansons. Je les ai *remarquées*
toutes, mais j'ai *marqué* celle-ci :

> Il s'en ua l'infidelle,
> Povr lvy ie svis trop belle,
> Rien ne pevt l'obliger.
> Le cheual qvi le meine,
> N'a pas beavcovp de peïne,
> D'vn fardeav si leger.
>
> Il s'en ua, le covlpable,
> Povr n'estre point capable
> De ma ferme amitié :
> Et pense me desplaire,
> Mais tovte ma colere
> Povr lvy dément pitié.
>
> Comme vn barbare change
> L'or d'vn riuage estrange
> Au uerre presenté :
> Il change, le uolage,
> Non povr son auantage,
> Mais povr la novueavté.
>
> Car la sevle ignorance
> Plvs qv'vn [e] avtre esperance
> Le porte à ce mespris :
> C'est ainsi qv'vn savuage,
> Des perles perd l'vsage,
> Sans congnoistre le pris.

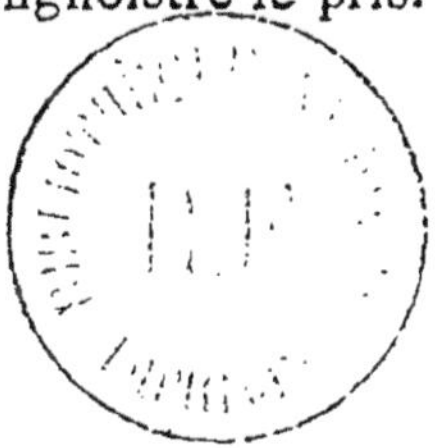

5

> En qvelqve part qv'il aille
> Il n'avra qvi me uaille,
> Moy desia ie le fvy :
> Et povr brauer ce braue,
> Ie n'avray point d'esclaue
> Qvi ne soit plvs qve lvy.

Voix de femme d'un si charmant dépit et d'une si souriante mélancolie! Est-ce étonnant pour un homme, un Normand, un fils de Pirate, de Bouvier, de *Chiquanou*, comme dirait Rabelais, de buveur de cidre, qui, à l'autre page, mêle l'enthousiasme du pot à la gravelure la plus jovialement audacieuse?... Que de cordes au violon de ce vieux ou jeune ménétrier, qui est parti, comme tant d'artistes, sans avoir laissé que de délicieuses choses perdues!

Atteint la fin de la journée dans le petit musée de M. M... — J'aime le jour mourant sur des tableaux, et faisant de tous ces objets, vivants et nets à force d'art, d'incertains fantômes! — Rentrés chez Trébutien, causé encore quelques instants, — mais T... était las de cette journée, où les émotions nous sont tombées dans l'âme aussi *plein* et aussi *serré* que la pluie est tombée tout le jour. — L'ai quitté de bonne heure ; — rôdé un instant sur la *place Royale*, — royale de silence et d'abandon comme les Rois de ce temps, — abandonnés par eux-mêmes les premiers, hélas ! — Il ne pleuvait plus, mais le temps avait les yeux gonflés et les joues meurtries. — Ciel triste, — pavé luisant, — vent soupirant dans les tilleuls de la place, comme s'ils n'étaient pas à la *Titus* et qu'ils eussent eu toute leur chevelure ! — Allé voir mon ancien favori, le *Pont Saint-Jacques*, par cette nuit. — La nuit va bien aux *défigurés*. — Me suis tourné du côté de la rue de *Bernières*, au centre du pont ; — l'eau était noire comme l'eau d'une lagune, et sur sa surface de jais tremblait la lueur d'un réverbère agité par le vent, — étoile presque à hauteur de main au-dessus de ma tête. — Les saules des angles du pont s'encapuchonnaient dans leurs coins, comme des dormeurs fatigués, — pas un passant ni sur le pont ni dans la rue, pas une fenêtre éclairée aux environs, tout humidité, noirceur, immobilité et silence. On n'entendait, de temps en temps, que le bruit sec de la bille d'ivoire frappant la bille, dans un café voisin. — J'ai été la *bille* de ce bruit qui m'a chassé, et je suis rentré à l'hôtel...

Mercredi, 8 octobre 56.

Eveillé à l'heure ordinaire. — Pris le café, — lu, — écrit, — habillé, — payé des notes; — allé chez Trébutien dont, par parenthèse, c'est demain le jour de naissance, — le jour *Saint-Denys*. Certes, Trébutien méritait mieux que personne de naître le jour de la fête d'un saint aussi français et aussi historique que saint Denys. — Quel bon patron que celui-là pour un chrétien, un antiquaire, un poète par l'âme, un ami des vieux temps, et surtout un contempteur des nouveaux! — Pourquoi Trébutien, né ce jour-là, n'a-t-il pas reçu au baptême le nom de l'apôtre des Gaules? Comme ce nom lui siérait! Denys a porté dans ses mains sa tête coupée, et c'est un miracle: mais, sans miracle, Trébutien porte son cœur dans les siennes,

son noble et triste cœur, *coupé* par la vie !
— Ils disent, dans le fond de ma presqu'île
(langage pieux qui a passé par-dessus des
mœurs incrédules), un *Été Saint-Denys*, et
cela signifie les avant-derniers beaux jours,
car l'*Été Saint-Martin* vient encore après.
Chose touchante et charmante d'avoir mis
les derniers rayons de l'année sous le nom
des deux saints qui ont fait les premiers
rayons de la France ! — Aujourd'hui donc,
veille de Saint-Denys, le soleil soufflait
d'une haleine de feu dans les nuages. — Il
faisait très chaud ; — suis allé par le Cours
et les ponts chez le docteur V..., à qui je
devais une visite. — Selon ma coutume ici,
n'ai rencontré personne que les sottes figures — atomes de toute foule ! — En tournant le pont qui *s'objecte* à la maison qu'habite Trébutien, sur la place Royale (n° 23),
suis resté frappé de l'aspect de cette maison, avec son toit élevé, ses cheminées de
haut parage et ses lucarnes, gracieux ovales
qui ressemblent à des cadres vides, atten-
dant leurs portraits. — Suis tombé dans
une troupe de buandières, blanches, noires

et babillardes comme des pies, qui lavaient et battaient leur linge au bord du canal. — Une d'elles a passé près de moi, impudente, effrontée, presque ivre, les yeux ardents de l'eau-de-vie du matin, et d'une insolente volupté. — Ce n'était pas une Nausicaa, mais une Érigone, que cette bacchante du bord des eaux! — Pour peau de tigre autour des flancs, elle avait son tablier *tord*, qui ceignait et marquait ses hanches comme un baudrier. Elle portait une masse de linges mouillés, roulés en globe, sous un de ses magnifiques bras ruisselants, aussi écarlates que ses lèvres, moulées pour boire, non pas dans une coupe, mais à la bonde même d'un tonneau. — Son dos, qu'elle cambrait en se retournant pour regarder narquoisement ses compagnes, fendait l'étoffe de son *juste*, et elle riait d'un rire qui couvrait le bruit des battoirs! — Belle réalité à saisir, si l'on avait eu des pinceaux tout prêts ou du marbre. C'est une des *choses*, — car c'était plus une *chose* qu'une *personne*, cette femme, — les plus énergiques que j'aie vues ici. — Le Docteur était absent. — Pour carte de visite, lui ai laissé un exemplaire de mes *Prophètes du Passé*, avec cette inscription, faite en défiance de ses opinions, qui ne doivent pas être les miennes : *Il m'a montré les fous; lui montrerai-je une sagesse?*

Allé aussi chez M. B... Puis au *Cours la Reine,* — une dernière fois, — immuablement, éternellement beau! — Resplendissant comme le manteau de la verte Érin elle-même. En beauté de verdoyance, cette prairie découronnerait l'Irlande de son diadème d'émeraudes. — Assis sur un banc à regarder *cela*, que probablement je ne verrai *plus*, désormais, que profané. — Ce qui restera de verdure sous les *viaducs* des Vandales du Progrès, n'aura plus pour l'imagination attristée que la couleur de l'absinthe. — Aperçu une Anglaise qui marchait comme un compas s'ouvre, droite, longue, sèche, — avec son *husband* probablement, — de la grande et incorruptible tradition anglaise. Plus, deux femmes, en châle turc à bord d'or sur leur dos, moins puissant et moins fier que celui de ma lessivière au *juste* fendu par les mouvements

de son torse. — Voilà toute l'ornementation humaine de cette promenade, digne
de voir se promener le long de ses ormes
des femmes de son nom, — des *Reines* de
Beauté !

Rejoint Trébutien à la Bibliothèque, — lu
du *Segrais,* — un homme à qui la grande
société de son temps a ôté le goût que
j'aime, le goût du terroir, mais qui a toutes
les grâces de convention de ce temps aimable. — Il a habité Caen. Trébutien m'a
montré ce qui reste de sa maison rue de
l'Engannerie. Les besoins de commodité
moderne, la bassesse du *comfort,* ont gâté
cette maison à laquelle il reste encore quelque vestige de ce qu'elle fut. Le *comfort* et
la division de la propriété territoriale qui,
dans un temps donné et prochain, doit faire
de la race humaine une race de pouilleux,
mettra bas les palais de Venise un de ces
jours !

Dîné, Trébutien et moi, comme des
hommes qui ne dîneront *plus* demain ensemble. — Par conséquent, savouré plus
intimement cette jouissance intime. — Re-

tournés chez Trébutien et causé le plus tard que nous avons pu, avec le sentiment des mourants qui veulent dire *cela* encore avant de se taire tout à fait. — Les départs, en effet, ne sont-ils pas tout ce qu'il y a de *plus près* de la mort?... Parlé de M. Bouet, un artiste ami de Trébutien, que j'aurais été bien aise de connaître et qui est absent. — C'est lui qui m'a dessiné les écussons de l'*Ange Blanc* avec tant de poésie, et cela l'a *écusonné* dans mon cœur. — J'eusse été heureux de le remercier.

C'est demain que je pars, — et quoique mon regret de quitter Trébutien soit profond et me rappelle amèrement que la vie n'est pas faite comme je le voudrais, cependant je quitterai Caen, comme j'y suis revenu et comme je l'ai habité, sans tristesse. Les souvenirs de quatre ans d'extrême jeunesse qui sont restés empreints en moi pendant tant d'années, n'y sont plus *empreints*. Toute empreinte est mordante. Quelque chose qui n'est pas l'oubli et qui a fait monter mon âme plus haut, a donné à ces souvenirs, longtemps pesants, a légèreté de la vie —

ou de la mort, car on ne sait laquelle de ces deux poussières — la mort ou la vie — pèse le moins... Les ombres de l'Élysée des Anciens étaient transparentes. De même, les ombres de cette jeunesse que j'ai appelées autrefois les spectres de mon bonheur, et qui m'auraient rendu Caen si changé et si triste, pour peu que j'y fusse revenu il y a seulement *cinq* années! Partout, à tous les coins, au tournant de ses rues, à l'angle de ses places, dans ses églises, j'eusse trouvé ces spectres embusqués. J'aurais vécu parmi ces morts. Je n'aurais pas fait un seul pas sans un cortège de fantômes. Je me serais abreuvé de mélancolies... plus que de ce breuvage normand, dont j'ai tant bu, et qui vient d'une fleur blanche et rose! Au lieu de cela, j'ai vécu ici impassible comme un homme qui voit son passé dans son intelligence, mais qui ne l'a plus dans son cœur. J'ai jeté des regards sereins sur les pierres de cette ville qui me semblaient jadis les escarboucles des contes de Fées, et qui ne sont plus pour moi que des pierres, — encore, gâtées par des maçons! Ils disent à Alep, avec poésie, que l'Ange noir de la mort, Azraël, se promène parfois par les rues et marque du bout de sa lance les portes de ceux qui sont condamnés à mourir. Un ange aussi, visible pour moi seul, — qui n'est pas noir, mais blanc plutôt, — s'est promené avec moi dans les rues de Caen, et sur ces murs gravés des pensées et des sentiments de ma jeunesse, de son doigt de vie, a tout effacé!

DEUXIÈME

MEMORANDUM

Port-Vendres, 16 septembre 1858.

Il y a trois jours que je suis ici, — et je veux fixer les impressions que ce pays me donne. *Port-Vendres* est un petit port, au pied et *dans* les Pyrénées, car elles l'entourent de partout, ne laissant de vide que la passe qui conduit à la mer; — c'est un pays pauvre, doux et sauvage. — La température y est tiède, quand elle n'y est pas très chaude. Dans le fond de cette crique, avec les montagnes qui nous cernent, qui renvoient la chaleur de leurs pentes au miroir des eaux qui la leur rend, on peut se croire à *infuser* dans une grande tasse de thé, — du moins, depuis que j'y suis, je sens ma personne *infusée*. — Les pulmoniques doivent boire cet air doux qui, à quelques kilomètres d'ici, fait le miel de Narbonne, comme un lait supérieur à tous les laitages animaux.

Il est cependant des moments où, sur *cette tasse de thé brûlant*, passent des vents de nord-est qui prennent les nerfs comme des pinces, et portent littéralement *à la tête*. On se rappelle les vers de ce Poète faux qui, pour cette fois, a eu la sensation *juste* :

> Le vent qui vient à travers la montagne
> Me rendra fou!

C'est bien cela.

Orienté, — il faut s'*apprivoiser* à un pays pour lui trouver sa physionomie vraie. Quand on se presse de le juger, d'après le soufflet de la première impression (car, toute première impression est un soufflet à quelque chose en nous qui ne s'y attendait pas), on ne dit rien d'assuré et d'exact. Il faut faire ses yeux à ce qu'on voit, comme quand on s'éveille. C'est s'éveiller du *som-*

meil de ce qu'on connaît, que de voir un pays nouveau!

Hier, nous sommes allés à *Collioure*, — un village comme *Port-Vendres*, jeté entre des montagnes, la mer en face, ou plutôt de côté, — le faubourg seul de *Collioure* regarde la mer, car le village qu'ils appellent la ville est fortifié de tous les côtés, — — bourgade moyen âge, *trou de Juifs*, a dit, je crois, l'*Ange Blanc*, qui démêle si bien et si vite les physionomies. — C'est à croire, en effet, que les Juifs les plus infects du treizième siècle vont sortir de ces rues étroites, tortueuses, puantes, et sinistrement immondes. C'est *Narbonne* laid et encanaillé, — mais cette laideur et cet encanaillement a le caractère du moyen âge ; c'est affreux, mais non vulgaire, cette chose pire que l'affreux. — Les femmes, en loques et monstrueuses, hermaphrodites de force, de grossièreté, de travail (les hommes ici sont très oisifs : ils regardent la mer et les routes, assis sur le parapet des ponts où ils fument ; les femmes, seules, travaillent comme des bêtes de somme). — N'ai pas vu un seul visage ayant face ou profil humain. — Les femmes portent parfois la veste de matelot par-dessus leurs jupes, comme si toute différence entre l'homme et la femme devait s'effacer; la jupe seule reste encore. Disparaîtra-t-elle un de ces jours?... Il faut envoyer à *Collioure* les *Daniel Stern* et tous les *bas-bleus* qui veulent l'égalité entre l'homme et la femme, pour les dégoûter de leur doctrine. Il faut frotter le nez de leurs prétentions dans cette ordure, comme on le frotte au chat pour l'empêcher de faire les siennes quelque part.

L'église de *Collioure* est, comme toutes les églises de ces pays qui bordent l'Espagne, d'un grand sentiment religieux. L'ai vue mal, très vite, et pendant un enterrement (l'enterrement d'un enfant) que je ne voulais pas troubler; mais j'y reviendrai. *Aperçu* des statues qui furent dorées, mais dont on ne voit plus que le bois et qui m'ont paru d'un beau geste et d'une belle expression. — Tout cela ancien, — la mère des *Sept Douleurs*, la *Noire*, est ici, comme en Espagne, le culte favori, et sa chapelle la plus

honorée. — L'odeur des rues de *Collioure*
est effroyable, c'est l'odeur des entrailles
vidées et pourries du poisson que mangent
ces populations ichtyophages. J'aurais cru
que de telles odeurs pouvaient engendrer et
entretenir une splendide peste dans la contrée, mais non. Il n'y a à *Collioure* ni fiè-
vres putrides, ni typhus, et on vit là dedans
comme dans du baume. Cela tient-il au
phosphore dont le poisson est saturé?...
— La Nature, magnifique et indifférente sur
toutes ces immondices de la pauvreté et de
la saleté. — Les grenades pendent sur le
chemin poudreux. Les citronniers viennent
en pleine terre, et les lauriers-roses de ces
eaux croupies sont aussi beaux que ceux des
bords de l'*Eurotas*. Ironie douce de la Nature! Elle apprend à l'homme combien il est
petit!

Revenu par une route qui rappelle celles
de l'Espagne, mais moins belle, moins *faisant balcon*, se tordant moins de fois autour
de la montagne. C'est déjà un mal que quelque chose de grand vous rappelle quelque
chose de petit, mais qu'est-ce donc quand

quelque chose de petit vous rappelle quelque chose de grand?... Ah! j'en suis toujours à l'opinion que j'avais l'année dernière, à pareille époque, à Saint-Jean-de-
Luz et en Biscaye et qui est, je le crains
bien, le résumé *fixe* des impressions de
toute ma vie : la création est bien plus mo-
notone que variée. Dieu est un grand poète
monocorde. Ce qu'on voit vous rappelle
toujours quelque chose qu'on connaît, et ce
n'était jamais la peine de sortir de la fameuse
chambre de Pascal. — Tout vient (dit-il
de la gloire, des conquêtes, et des plus
grandes choses du monde) de ce qu'on n'a
pas la sagesse de rester dans sa chambre, —
et les voyages lui donnent aussi raison.

Cet axiome désolant, que Platon justifie-
rait dans son système des *réminiscences*, que
*ce qu'on voit vous rappelle toujours quelque
chose de connu*, a trouvé pour moi son ap-
plication dimanche dernier, à une fête, dans
la montagne, où j'étais allé pour voir du
Catalan pur, costumes, danses, mœurs et
types. C'était une fête religieuse et dansante,
une espèce de pèlerinage à *Notre-Dame de*

Consolation (ils disent *Consolacion*, — à *Consolacion*, et c'est assez gracieux et mélancolique); on y vient de tous les villages d'alentour. Je m'étais laissé dire que c'était une fête nationale ; et nationale est bien le mot, car la Révolution française, qui a inventé cette exécrable épithète, a tué les provincialités au profit de la nationalité, c'est-à-dire de l'unité, de l'uniformité, du *conte répété cent fois* de Shakspeare, comme il dit de la vie, quand il veut en peindre l'ennui et l'insulter ! Lui aussi devait le sentir !... J'ai donc trouvé les costumes et les danses *nationales* des environs de Paris et de partout, mais de Catalan... rien ! que quelques bonnets rouges sur quelques vieilles têtes grises, qui emporteront dans la tombe ce pauvre bonnet, — tout ce qui reste d'autrefois ! — Ce bonnet rouge n'est ni le béret basque, ni le béret gascon, c'est un bonnet qui ressemble à un bas, dont le pied *chausserait* la tête et dont la jambe pend sur l'épaule. — Je me rappelle (toujours le coup d'escopette du Souvenir, embusqué derrière toute impression présente) que dans les

Moissonneurs, de *Léopold Robert*, il y a un bonnet à peu près semblable sur la tête d'un pâtre italien. Donc, ressemblance, donc, etc...!

Mais ce n'est pas tout! Les costumes s'en vont, et les danses, et les mœurs, et les langages; mais l'homme, *l'animal homme*, *l'homme race*, qui s'en va aussi, hélas! met plus longtemps à s'en aller. Eh bien, le type ici ressemble au type de toutes ces contrées du Midi, et il ne surprend pas en se marquant d'un caractère de plus que le caractère connu, *lieu commun* et *poncif*. Les femmes, j'en ai vu *deux* ou *trois* d'assez belles, ne sont point du tout des Catalanes, des filles du Midi comme on se les figure, pour le type; mais, le croira-t-on? des Flamandes. La Nature plaisante-t-elle, ou réellement a-t-elle l'esprit sec et rabâcheur? Elle fait des Flamandes sur la pente brûlée et brûlante des Pyrénées! On cherche des chèvres ardentes, maigres, souples, sauteuses, nerveuses, amoureuses, et l'on trouve des vaches calmes, à l'œil énorme et lent, au mufle blanc, au front tranquille, à l'air très chaste, dont la chasteté est redoublée par un petit bonnet serrant la tête, garni d'une espèce de guipure qui ressemble à une bandelette transparente. Ce bonnet, simple comme un bonnet de nuit de petite fille, est si strictement appliqué sur la tête, que toute tête paraît petite dessous. Où êtes-vous, chignons abondants, rutilants et lustrés de mes Normandes? Une femme sans chignon a perdu son cimier.

Mettez ces femmes-là derrière un rouet et appelez-les *Nânon*, et vous aurez leur encadrure et une harmonie. Ce sont des fileuses, des *Ménagères*, des êtres bons, propres et sages, le genre de femmes qui convient peut-être le mieux à l'homme, pour le *consuetudinem vitæ*, comme dit le Droit Romain, comme le lait est peut-être aussi, de même que l'eau des sources, son meilleur breuvage, — mais j'aime mieux le vin!

Aujourd'hui, 16, — levé de bonne heure, — sommes allés au *Phare*, — temps clair, mer claire, bleu clair partout, — mais si j'ai retrouvé *de là* la plaine liquide que j'aime, comme *eau* et comme *plaine*, il n'y avait pas de vagues. — Une plaine sans moutons bondissants ! — Monotonie ! Monotonie ! Seulement, l'âme prend enfin cet équilibre immobile qui doit être la vie, dans un pareil pays, quand on est obligé d'y rester ! Deux voiles à l'horizon, pour tout mouvement, — et elles ne bougeaient pas. Tout semblait dormir dans la lumière du matin, et l'on ne pouvait pas dire :

Voiles ! grâces des eaux qui fuyez sur la mer !

Il n'y avait que le temps qui fuyait. Pour la création, elle semblait prise, non comme l'insecte dans une goutte d'ambre, mais dans une goutte de cristal.

Revenus, — *brisés* par une chaleur *sans brises,* — déjeuné, — dormi, — lu du *Lord Byron,* — les quatre premiers chants de *Childe Harold.* — Le côté commun de Byron (si l'on peut employer un tel mot, en parlant de Byron), c'est qu'il est *touriste.* Un plus grand poète encore que lui n'aurait pas, je crois, été si esclave des choses extérieures, et si admirateur de la Nature. — Mais alors, quel poète c'eût été !

Fait diverses choses, — écrit à Paris pour des livres, — puis lu ma Bible le reste du jour. — Dîné, — fait un tour sur le quai avec M..., mais rentrés, vaincus par une chaleur orageuse, digne de juillet, — et nous sommes en septembre! Je comprends l'air paresseux des hommes dans cette atmosphère. Même quand ils élèvent des poids à bord de leurs vaisseaux, quand ils tendent la voile et font tomber l'ancre, ils ont l'air paresseux. Golfe de Naples dans une soucoupe, qui a aussi ses lazzaroni de quatre sous!

Le 17 septembre.

Levé à six heures et demie. J'habite l'extrémité de ce golfe-vignette, qui ressemble assez bien à un lac et à une vue d'Écosse (ô ressemblance, oiseau moqueur!), et le soleil se lève *de derrière* la montagne devant ma fenêtre. Son premier rayon atteint le mur blanc, à la chaux, de ma chambre, avant de luire sur la surface de la

6

mer, *gris plomb* le matin, et aussi immobile que du plomb fondu. Plus tard, à mesure que la journée avance, elle change de couleur et monte la gamme des *bleus*... Vers midi, elle est *saphiréenne*, mais s'arrête au vert qu'elle n'a pas encore franchi une seule fois depuis que je suis ici. — Un remous, mais ni vagues ni écumes, — pas même au large, en dehors de la passe; — une mer presque blanche à l'horizon, tant le bleu, sous le soleil, en paraît clair! — Moi, né dans la furie des vagues de la Manche, verte comme un herbage, quand elle est tranquille, entre deux colères, je n'aime point cette mer d'huile d'olive, qui baigne la terre des oliviers. Singulière chose *que je savais exister pour les autres*, mais singulière pour moi, qui sens si peu comme les autres et qui ai une âme à *part* pour tant d'impressions! tout ce que je vois me retourne le cœur vers cette patrie d'enfant que j'aspirais à quitter avec une impatience fébrile. — Le lotus dont ils parlent et qui fait oublier le pays est le cytise des licornes... je n'y crois pas!

Écrivaillé, ce supplice! — Déjeuné. —
Le temps à l'orage, — mais à l'orage qui
n'éclate pas. Les nuées entourent parfois les
cimes des montagnes comme un collier,
mais toutes ces caresses sont inutiles, la
montagne leur dénoue les bras et les rejette.
— On appelait autrefois les Rois *mangeurs
de présents*, δωροφαγοί, dit Hésiode; on pourrait appeler les montagnes *mangeuses de
nuages*, car elles ont vraiment l'air de les
dévorer. Un nuage les entoure, — on tourne
la tête... il n'y est plus ! C'est une dispari-
tion tellement rapide, que l'on dirait une
absorption comme celle de l'eau par l'éponge.
— C'est vraiment prestigieux !

Travaillé, — fini et envoyé ma préface de
la seconde édition de l'*Ensorcelée*. — Lu,
— dîné, — mais, le soir, les chaleurs sont
tellement accablantes qu'on n'est capable
que de dormir. — Cependant, sommes allés
nous asseoir au *banc du second Phare* pour
voir la mer et rêver à son bruit. Elle avait
l'air perfide dans son calme. — Pas de
vagues plus qu'à l'ordinaire! mais *ils disent*
qu'il ne faut pas se fier à ses douceurs. —

Il paraît que les vagues sans écume, qui la sillonnent, ne déferlent pas les unes sur les autres, mais s'enroulent ; — au lieu de *faire lame*, elles *font rotation*. — Avons trouvé, faisant son *quart* de service, l'un des gardes du Phare et pilote du port, vieux loup de mer, à qui nous avons parlé de ses navigations. — J'aime ces sortes d'hommes, tout action et expérience, ces vieux goélands, déplumés par la tempête, et qui lui ont résisté ; il y a toujours à apprendre avec eux. — La mer et le ciel étaient gris, — de la brume, déchirée ici et là, — et le pilote gris foncé, dans l'air gris moins dense, ressemblait au spectre de la plate-forme d'Elseneur. — Rentré le long du quai, — pensé au *quai des Esclavons*, à *Venise*. — Pourquoi ? — Qui peut dire les *joints* de la rêverie, — mystérieuses articulations ?

Samedi 18.

. . . .

Dimanche 19.

Rien noté hier, — la torpeur brûlante de
ce *fond de tasse de thé* dissout l'esprit et
noie son énergie; — on passe le temps, les
yeux sur le golfe, à suivre quelque pavillon
qui entre ou sort sur cette mer languissante,
et c'est tout, et le soir vient! et l'on se
trouve plus vieux d'un jour!

Aujourd'hui, levé à six heures et demie,
— habillé, lu les journaux, — allé à la
messe à huit heures. — L'église de Port-
Vendres est une pauvre petite église de ma-
rins et de pêcheurs, très sombre, avec un
autel sur lequel la lumière tombe, tamisée
par des draperies roses. — C'est l'image
de la vie, noire presque partout et quelquefois rose à *une* place. — Rentré, — déjeuné, — le soleil brûlant, et, pour la première fois, la mer indigo, avec de l'écume
contre le môle. Mais seulement là — et sur
un ou deux brisants. — Nous sommes allés,
l'*Ange Blanc*, *M.* et *R.* et moi, nous *en-*

castrer entre deux roches, et nous nous sommes soûlé les yeux, sans pouvoir les rassasier, de ce spectacle de la mer, la seule chose physique qui n'ennuie pas et dont l'homme ne puisse se blaser.

Le temps a tourné à l'orage, et au vent qu'ils appellent ici vent *debout*. — Ce vent, qui empêche d'aborder en Espagne, a emporté notre projet d'aller, par mer, à Barcelone. — Nous avions arrêté notre passage sur une balancelle à voiles, mais *ces Dames* ont eu peur de relâcher dans quelque anse de la côte, bloqués indéfiniment par ce diable de vent qui souvent joue de ces tours aux meilleurs voiliers, et nous avons pris le parti d'aller à Barcelone par terre, si nous y allons. — Malgré le vent et les flots de poussière, partis pour *Collioure*, à pied, — route toujours charmante, à la *troisième* comme à la *première* impression. D'un côté, les montagnes vertes et rousses, — de l'autre, la mer bleuâtre ou bleue, — à un coin, la tour de l'église de *Collioure*, du treizième siècle, construction plus guerrière que religieuse, s'élève sur une langue de terre dans la mer, et en face, sur un rocher que la mer couvre parfois, aux *grands pleins*, une chapelle, grande comme la *broche* d'une femme. — *Collioure*, qui est à moitié fortifié encore, se groupe derrière cette tour avec un air presque féodal, et les éternelles montagnes surplombent le tout. Décidément, je hais les montagnes. Suis-je parent du Titan sur lesquels elles ont été jetées? Mais elles pèsent sur mon cœur et elles étouffent quelque chose en moi.

Allés à l'église, — on chantait la fin des vêpres. — On descend dans l'église de *Collioure* de quelques marches, et j'aime ce mouvement. — L'édifice est plus bas que la mer, qui chante parfois plus haut que ses prêtres. — Tout cela d'une sombre et mâle expression. — L'église est à la fois *luxe et misère*. — Elle ressemble à ces Polonais qui vinrent au mariage de Marie de Gonzague, sous Louis XIII, lesquels avaient des diamants, des fourrures, et pas de chemises. — Les diamants de l'église de *Collioure* sont des ornements, des croix et des bourdons, héritage de quelques monastères voisins sur lesquels les prêtres desservant l'église, ignorants de tout, excepté de leur bréviaire, n'ont pu nous donner aucun renseignement. Il y a deux croix (toutes les deux Renaissance) très ouvragées, très ornées, et *tapissée* (l'une d'elles) de statuettes d'un travail très fin. *Celle-là* est d'argent massif. Les bourdons ou *bâtons de pèlerin* sont en argent aussi, et dans le même sentiment d'art que la grande croix. C'est tellement beau, qu'on peut croire ces croix et ces bourdons l'offrande de quelque reine à quelque abbaye des environs. — On dit que ces richesses, dont les prêtres actuels de *Collioure* ne savent pas tout le prix, ont été, pendant la révolution, portées en Espagne par des mains chrétiennes, et, après la révolution, rapportées en France par les mêmes mains.

Visité l'église, au jour tombant. — Les statues du maître-autel aussi belles qu'elles m'avaient paru la première fois, mais le jour mourant y jetait des draperies d'ombres que l'œil ni la main ne pouvaient lever. — Mieux vu les chapelles latérales, la lumière y étant moins morte, — très espagnoles de guillochures, d'or et d'ornementation barbare. — Il y a entre autres la chapelle de *Saint-Vincent de Collioure*, martyr du troisième siècle, sous la persécution de Dacien, qui ressemble à la chapelle de quelque idole chinoise. — Cela extravague de goût et d'ornementation dépravée, les couleurs jouant la *laque* jusqu'à l'illusion ! — Curieuse cependant, cette chapelle, dont le Saint a l'air d'un mandarin, halluciné à force d'opium. — A trois pas de là, et comme contraste, la chapelle de Sainte-Lucie, dont la statue m'a semblé un véritable chef-d'œuvre. — La Sainte est debout, dans une attitude pleine de noblesse, la tête un peu en arrière et d'une figure charmante ; — la tunique a des plis magnifiques. On sent la vie des genoux à travers.

Montés jusqu'au pied de la vieille tour. — Y avons trouvé, avec son fils et sa belle-fille, une femme qui s'harmonisait bien avec la vieillesse du monument. C'était une pauvre vieille de *quatre-vingt-quatorze ans*. Figure blanche dans une cape blanche, rabattue sur son front, et qu'elle avait fixée contre le vent par un mouchoir bleu, noué sous son menton. — C'est *juste* la coiffure d'Hermangarde, dans ma *Vieille Maîtresse*, quand elle est à la recherche de son mari sur la grève de Carteret. — L'Hermangarde séculaire de la tour de *Collioure* ne cherchait plus rien. Son fils la priait de venir finir sa vie chez lui. « A quoi bon pour vingt jours? » répondait-elle. — Longue figure, *dulcifiée* par une vieillesse qui a assez de tout, et qui a le calme de cet oreiller de la mort sur lequel elle va s'endormir. Ses yeux n'y voyaient plus. Larges prunelles grises, qui ne recevaient ni ne donnaient la lumière. Elle apprenait ainsi les ténèbres dans lesquelles elle allait descendre. Lampe blanchissante avant d'expirer, elle jetait encore un peu de tendresse. La manière dont ses vieilles mains, dépouillées et rugueuses comme des griffes, caressaient le bras de son fils, tout en refusant de le suivre, avait l'expression qui manquait à ses yeux éteints.

Revenus par un vent furieux. — Dîné. — Causerie avec l'*Ange Blanc*, que son frère du sommeil (l'*Ange du sommeil*) couvre de ses ailes trop vite pour moi, qui la quitterai dans quelques jours. — Lu du *Dickens*, — *Nicolas Nickleby*. — Je veux faire une étude sur *Dickens*, et je n'en connais encore que cent pages. Mais je prétends que si *cent pages* ne donnent pas le *talent* d'un homme, elles donnent son *esprit*, et l'esprit de *Dickens* m'est odieux. — C'est une espèce d'ironie qui vulgarise tout, une manière plate de regarder les choses. Ce n'est ni son genre d'observation, ni ses conceptions, ni son drame, ni ses personnages qui me déplaisent : c'est son esprit à lui ; ce n'est pas l'ouvrage, c'est l'auteur. L'*Ange Blanc* me reproche un *parti pris*, — l'*Ange* se *trompe, parce qu'elle craint que je ne me trompe.* Je me laisserai fort bien prendre et pétrir par le talent de *Dickens*, s'il en a, mais eût-il du génie comme romancier, il ne m'en serait pas moins insupportable, en son propre et son privé nom.

Lundi 20.

Levé avant le jour pour une expédition dans la montagne, à un village nommé *Cospron*. — C'est presque un nom grec ! — Ecrivez-le ainsi, et tout le monde s'y méprendra : Κοσπρον. — Déjeuné chez des paysans dont la chaumière est dans le fond d'un ravin, au *confluent* de trois montagnes ; — sur l'une est l'église de *Cospron*, — plus pauvre encore que celle de *Port-Vendres*, — une chapelle, mais propre comme une cuiller de bois nettoyée. — Sur l'autel, un *Christ* en bois, mal sculpté, gris-bleu de *ton*, et qui fut doré autrefois, avec la très ridicule et indécente jaquette blanche que les Espagnols donnent à leurs Christs. — Ce Christ est fort célèbre et très honoré dans la contrée. — C'est une tradition, qu'en revenant du Mexique, après l'expédition de Fernand Cortez, un vaisseau qui portait deux Christs destinés à Jérusalem fut battu d'une horrible tempête, et que le capitaine fit le

vœu de donner un de ses Christs à l'église
de la première terre sur laquelle il pourrait
aborder. Or, il n'y avait pas d'église sur la
terre qu'il toucha au pied des montagnes
de *Cospron*. Pressé de remettre à la voile,
il enterra le Christ là où son vaisseau avait
touché. Longtemps après, un bœuf fouilla
l'endroit avec sa corne, et l'on trouva le
Christ, qui fut porté à la chapelle de *Cospron*
et qui y est l'objet d'une dévotion particu-
lière.

Erré dans un bois et dans des champs de
vigne, en proie à un soleil ardent, mais ne
ressentant pas l'abominable et énervante chaleur dans laquelle on est infusé au fond de
cette tasse de *Port-Vendres*. — *Port-Vendres* veut dire *Portus-Veneris*, *Port de
Vénus*, et cependant je ne crois pas que cette
chaleur, qui vous coule de si étranges mol-
lesses dans tout votre être, soit très favo-
rable à l'amour. Il est vrai que *Port* signifie un abri, un refuge, et que dans un port
on ne navigue plus ! — Peut-être est-ce
pour cela, du reste, que les femmes ont ici
si peu de coquetterie. Elles ne font pas la

moindre attention à la manière dont on les regarde, et cela sans superbe et sans hypocrisie, mais naturellement, — elles n'y pensent pas!

Revenu très tard de *Cospron*, après des marches forcées. — En descendant les rampes des montagnes, nous avons laissé le vent du soir derrière nous et nous avons retrouvé le *bain-marie* de *Port-Vendres*, cette chaleur qui amollit comme Capoue et qui n'en a pas les délices. — Dîné, — essayé de lire, — mais, tué de fatigue et de température, je me suis mis au lit, appelant la pluie et l'orage, mais c'est la chanson d'Hégésippe :

L'oiseau que j'attends ne vient pas!

Mardi 21.

Nous avons appris hier la mort du docteur Rocaché, un des hommes de France peut-être le plus excellent dans son art. — Je l'ai connu en A..., où il vivait depuis cinquante

ans, sans plus se soucier des capitales et de
la gloire, pour lesquelles il était fait, que
s'il avait été sans génie, qui est toujours
(le génie), plus ou moins, une ambition. —
Il était de l'école de Montpellier, autrefois
si fameuse, et il avait connu *Barthez*. —
C'était un vrai et grand médecin. — Médecin
avant tout, tandis qu'il y a tant de gens (et
même de beaucoup de talent) qui, avant
d'être médecins, sont physiologistes, ana-
tomistes, vitalistes, etc., etc. — Il ne faisait
pas de livres, — trop grand praticien pour
cela, et par la raison qu'étant toujours sur
la brèche, c'est-à-dire au lit du malade, il
n'avait pas le temps de *faire des phrases*
pour le public ou les Instituts, qui sont aussi
des publics. — D'ailleurs, l'âme de cet homme
était logée là où les autres âmes ne pénètrent
pas. Il est impossible de dire à personne
quel motif, passion, sentiment ou manie,
l'avait, tout jeune, fixé dans ce désert des
Landes qu'il n'a jamais quitté. — On l'appelait le *Médecin des Landes*. — Peut-être
n'était-il que médecin, et ne jouissait-il que
par la *vocation satisfaite*. Or, il y avait des

malades dans les *Landes* comme partout, et c'était assez pour intéresser sa vie et pour ne la déplacer jamais.

Il est mort à plus de quatre-vingts ans, et on peut dire de lui qu'il a vécu par la force de son génie et par la perpétuelle surveillance de lui-même, car il était né faible, petit, délicat comme la plus délicate des femmes, et il a passé soixante ans, peut-être, à cheval, par tous les mauvais chemins des *Landes* et les mauvais temps, et la nuit et le jour ! — La vie du médecin de campagne est pire, en fatigue, que celle d'un officier de cavalerie ou d'un postillon. — Quand je l'ai connu, il n'avait plus qu'un souffle, mais jamais le plus habile flûtiste n'a conduit son haleine dans son instrument comme lui conduisait son souffle de vie. Je l'appelais le docteur *Pneuma*. Les Grecs croyaient que l'âme était un souffle, mais moi, je crois que le souffle de mon docteur *Pneuma* était une âme, une âme pleine d'impersonnalité, de patience et de sagesse. Il était né violent, à force de nerfs, mais, *éolien* d'impression par sa délicatesse de femme (il devait ressembler à sa mère). Quelle colophane il avait passée sur ses *chanterelles* nerveuses pour les adoucir jusqu'à leur étonnante suavité. On dit qu'il avait aimé les femmes longtemps et que les jupons rouges des Landes, qui sont les jupes de dessous, le connaissaient aussi bien que les jupons noirs, mais je ne croirai jamais au libertinage dans un pareil homme ! — Le libertinage de l'abeille qui cueille des fleurs, — voilà tout ! — il a butiné ici et là quand son *souffle* avait l'ardeur de toute jeunesse ; et puis, le souffle s'est détiédi et il a fini par devenir pur — quoique curieux et vif encore peut-être — des indiscrétions de Zéphyr ! Tout cela très *modulé*, comme toute sa vie, à cet homme, qui savait ce que c'est que les sensations !

S'il n'avait pas été spiritualiste, il aurait été le plus habile et le plus profond des Épicuriens, mais il était spiritualiste, et c'est même le spiritualisme qui l'a rendu, en ces derniers temps, au christianisme, dont ses études spéciales, sa vie occupée, et les influences humaines qui nous passent sur la tête à tous, l'avaient un peu, et longtemps, écarté. Il avait traversé une époque effroyable pour l'impiété et le *mauvais ton dans l'impiété*, l'époque du Directoire et de l'Empire, cet arrière-faix de la philosophie du xviiie siècle. Mais il était dans les Landes et *à ses malades* avec la spiritualité de l'École de Montpellier autour du cerveau, et il échappa aux doctrines qui pourissaient tout, alors, dans les sciences naturelles et physiques; aussi, quand plus tard la réaction se fit, se trouva-t-il de niveau avec la réaction. Il lisait *Tessier* et y prenait grand goût. D'ailleurs, très au courant de la *littérature de sa science*, et, quoiqu'au fond des Landes et dans la bourgade la plus prosaïque, la plus plate et la plus ignorante, suivant, de cet œil lucide qu'il avait dans l'esprit comme dans le visage, les observations et les progrès de la médecine générale en Europe et dans le monde. Et il la jugeait d'autant plus haut qu'il ne tenait à rien, ni par les relations ni par les Académies, et qu'il ne voyait que la vérité.

Les services qu'il a rendus, l'imposante réputation qu'il avait, depuis Bordeaux jusqu'aux Pyrénées, le respect de sa science parmi les hommes qui la cultivent, tout cela était grand, et le souvenir s'en gardera long-temps, malgré la précipitation avec laquelle l'homme se porte à l'oubli et à l'ingratitude! Mais, hélas! il n'appartiendra pas à la grande histoire, et, dans un siècle, par exemple, qui saura qu'un homme supérieur comme lui — un grand médecin digne des plus grandes époques — aura existé?... Nul ne le saura. — Mort tout entier, comme ces hommes qui portent tout dans leur tête et l'emportent, sans avoir jamais déposé, dans un livre ou un commentaire, le fardeau de leur supériorité!

Quand je l'ai connu, c'était un petit vieillard pâle, mince à se rompre, dont le corps flottait dans une longue redingote bleue dont les manches très larges et à parements à *bottes*, comme on disait autrefois, laissaient passer deux petites mains, d'un blanc nacré, et azuré par les veines, très spirituelles, très fines, très *artistiques*, comme dirait le capitaine d'*Arpentigny*, notre grand chiroman-cien;—des mains d'un toucher presque incorporel, faites, de toute éternité, pour palper l'infirmité et la souffrance et interroger les frêles balanciers de la vie. — Le corps, à l'œil, n'existait pas, il ne se révélait que par ces mains, qui devaient se *fondre* dans l'accouchement pour tenir moins de place et *subtiliser* (belle expression du peuple) le secret des artères. Le visage, qui avait été très beau (d'une beauté tout à la fois sagace et placide), était long et mince, avec un nez d'une finesse et d'un mouvement de narines qui, seul, l'aurait fait nommer le Docteur *Pneuma*, quand l'être tout entier de cet homme, fragile et puissant, n'aurait pas eu la diaphanéité d'un souffle. Ordinairement coiffé d'un bonnet de soie noire, par-dessus un bonnet de coton, lequel laissait échapper vers la tempe une mèche de cheveux, luisants et purs comme l'argent, il ressemblait à quelque alchimiste occupé de choses surnaturelles, et, comme tous les hommes d'une physionomie très noble, qui transmutent les choses en les portant, il donnait je ne sais quelle noblesse à ce bonnet de soie noire, si grotesque sur les têtes communes. Pour mon compte, je n'aurais pas plus respecté la calotte du *Grand Corneille* que ce bonnet noir !

Le visage, d'un blanc de porcelaine, aigu dans l'en bas comme celui des êtres plus intelligents que passionnés, s'élargissait dans l'en haut, et un front étoffé et dont on sentait la voûte, largement développé sous les deux bords des deux bonnets, couronnait bien ce visage, âme et esprit bien plus que chair. — Il était sillonné de ces espèces de rides qu'on appelle les *marches du palais* et qui sont les rides ordinaires des esprits droits, le sillage de la vie sans bouleversements et sans tempêtes ! — Les yeux, pleins de lumière et très doux, étaient ceux d'un *voyant* inaltérable. C'étaient de ces yeux dont la couleur disparaît dans l'expression, comme les traits du visage peuvent disparaître dans la physionomie. — Mais le trait caractéristique du docteur Rocaché était la bouche, fine comme tout le reste de sa personne et démeublée par le Temps, qui n'y avait laissé qu'une grande palette blanche, laquelle y brillait dans un charmant rire silencieux,

plus spirituel cent fois que s'il avait été sonore! Ce rire, sans vibration et pour les
yeux, — qui rappelait le rire de *Bas de Cuir*
de *Cooper*, appuyé sur son fusil de chasse,
mais qui s'idéalisait sur les lèvres de cette
créature transcendante, — donnait à mon
docteur *Pneuma* quelque chose de mystérieux, de solennel, et d'étrangement comique
tout à la fois. Évidemment, il avait pris l'habi-
tude de ce rire au lit des malades, dans ces
chambres où tout bruit doit s'éteindre, où
l'on marche sur la pointe du pied et où l'on
parle bas. — Le Docteur *riait bas*. Dans
l'instantanéité du rire (tout ce qui semble le
plus involontaire) cet homme, de vocation
si spéciale, se retrouvait médecin!

Je ne crois pas que pour un romancier
qui voudrait peindre, avec les nuances les
plus *décomposées*, la médecine, le génie mé-
dical incarné dans un homme, on pût trouver un type plus riche, plus *varié*, plus *un*,
et plus complet.

Aujourd'hui, temps orageux, chaleur
sous nue. — Impossibilité de sortir. —
Journée *at home*. — La rêverie, ici, est plus

qu'ailleurs l'ennemie du travail. — Savez-vous les grands évènements de la journée?... Une barque qui traverse cette *mer-lac* que j'ai sous mes fenêtres, et les différentes nuances des eaux. — Aujourd'hui, vers midi, nous avons eu un spectacle inattendu et féerique, — un mirage du Danemark ou de Norvège. Une brume a tout à coup voilé les montagnes; elles se sont fondues dans cette estompe d'opale, et la mer, devenue de la couleur des perles, nous a fait l'effet d'un vaste *fiord* perdu dans une perspective vaporeuse. — Ah! le Nord! le Nord! que le Midi me semble chétif en comparaison, et que la Nature du Nord est supérieure! Est-ce là une illusion de lointain que la réalité devra détruire?... Dans le Midi, ce qui me frappe, pour les choses comme pour les personnes, c'est le manque absolu de *distinction*.

Mercredi.

Toujours la même chaleur accablante, qui ne tient pas au soleil, mais aux réverbérations de la mer et des trois pentes de montagnes qui l'encadrent et font du golfe un triangle d'eau. — Le vent, espèce de mistral (nous ne sommes qu'à quelques *stations* de *Marseille*), passe sur la sueur sans la sécher et semble lécher les nerfs avec une langue de tigre. — A moitié journée, on n'en peut plus. Le siroco est un velours, en comparaison de cette température aimable! Port de Vénus! — ma foi, ce n'est pas toujours de Vénus Commode! Quel pays! si je n'étais pas ici pour des raisons plus intimes et plus puissantes que le plaisir (si vite épuisé, d'ailleurs) de voir un pays, comme je décamperais! Mais, comme dit Satan dans Milton :

Ce ne sont pas les lieux, c'est son cœur qu'on habite!

Aujourd'hui, allé, des livres à la fenêtre, lire cette éternelle page bleue qui a un peu verdi, par extraordinaire, — ce qui tient sans doute au *voisinage* d'un orage, qui se moque de nous car il n'éclate pas, sur ses nuées mobiles, au haut des montagnes. Tantôt les nuées sont plus bas que les cimes, et puis elles remontent au-dessus. On dirait, de chaque montagne et de ces nuées, une femme qui se coiffe avec son collier.

Journée oisive, pesante, physiquement inquiète. — Ici, on ne sent pas l'*esprit* en soi. Un gouvernement qui voudrait frapper d'imbécillité ses ennemis, n'a qu'à les *interner* à *Port-Vendres*. En quelques années, ils seront stupides. — Écrit à Paris. — Lu du *Dickens;* — toujours mécontent. — On ne voit ici que la *Patrie* et la *Gazette du Midi*, et la *Chambre littéraire* (quel abus de mots!) est dans l'hôtel même que j'habite. — Ils ont aussi la *Revue des Deux Mondes*, mais je n'ai pu mettre la main dessus; — les abonnés du salon littéraire l'emportent probablement pour orner l'esprit de leurs femmes. — Gagné l'heure du dîner, — dîné. — L'orage est enfin venu, après une attente de cinq jours, — tonnerres, mais trop lointains, — éclairs et pluies furieuses, pendant une heure. — Puis, la lune s'est levée dans le ciel purifié, et nous avons pu respirer, à longue haleinée, pour la première fois depuis que nous sommes dans cette *asphyxie* perpétuelle qu'on a, ici, pour *atmosphère*.

Le lendemain, au matin.

Ciel *lavé* et brillant sur nos têtes, avec une sombre bande noire sur la mer, au large, mais un soleil radieux sur les montagnes, et la mer du Golfe *verte, enfin!* — une dissolution d'émeraudes. — La chaleur reprend, avec la *fureur d'avoir été interrompue* par la pluie, et, quoique l'air soit très vif, il n'y a pas de flots, mais des vagues menues comme des hachures et scintillantes comme les facettes d'une pierre précieuse. — Le bâtiment sur lequel nous devions nous embarquer pour Barcelone est parti!

Le soir du même jour.

Pas de nouvelles de Paris! — Les nerfs très agacés et les mains fiévreuses, après déjeuné ; — je ne me sens pas bien. Cependant, ces dames disent que le temps est beau aujourd'hui.

Souffrant horriblement toute l'après-midi. — Je ne suis pas sorti, et comme je ne reçois aucun livre de Paris pour ma critique au *Réveil* ou au *Pays*, j'ai repris mon *Château des soufflets*. — Écrit deux grandes pages, — c'est ce que j'appelle le *fil de l'eau*. A présent, il faut faire comme la chaleur de ce matin, *avoir la fureur d'avoir été interrompu!*

Écrit et médité jusqu'au dîner, — abattu de nerfs, mais relevé d'esprit, — pris du café pour la *troisième fois* depuis que je suis dans ce pays. — Parlé avec l'*Ange Blanc* de mon *Château des soufflets*, mais

le sommeil est venu bientôt lui donner le
sien, — une douce tape! — Rentré chez
moi, et lu toute la *Fiancée d'Abydos* avant
de me coucher. C'est un des poèmes de
Byron qui ont eu le plus de succès, parce
qu'il y avait de la tendresse, — sentiment
qui ne dépasse pas le niveau commun des
âmes, — et de la *couleur locale* turque et
grecque. Quelle critique que de dire *le mot*
d'un succès! — Pourquoi prétendent-ils que
Byron est immoral? qu'est-ce que deux ou
trois plaisanteries, deux ou trois groupes
ardents, en comparaison de toutes les ado-
rables puretés de ses poèmes? Byron est
peut-être le plus grand poète des sentiments
désintéressés et chastes. *Zuleika*, c'est une
sœur. Non content des sentiments ordinaires de la vie, Byron *s'invente* des sentiments
extraordinaires dans lesquels triomphe,
mieux que dans tous les autres, la pureté de
son génie : par exemple, la petite *Leïla*, dans
le *Juan*, — et la dédicace de *Childe Harold*,
à *Yanthé*. Il disait, dans son génie, ce que
Jésus-Christ disait de sa vie mortelle : *Sinite
parvulos ad me venire.* — Qu'il le veuille ou

non, qu'il l'ignore ou le sache, Byron, dans le fond de son âme, est un chrétien.

. . . .

. . . .

. . . .

Mardi soir

Voici un bel et bon *hiatus* de quelques jours dans ce *Memorandum*, qui, sans mon sentiment pour l'*Ange Blanc* et le bonheur de la retrouver, serait lui-même un *hiatus* dans ma vie. Qu'avons-nous fait? les mêmes choses, dans ce cercle de montagnes où la vie tourne en rond, plate comme une assiette! — Cependant, nous avons mis le nez hors de notre trou de rats. Nous sommes allés à B... par un vent atroce, qui a failli nous emporter et nous précipiter vingt-cinq fois. — La route, comme celle de *Cospron*, avec une ou deux anses assez noires et assez mélancoliques. — B..., — plus pauvre, plus sale et plus *huttes de pêcheurs* que

Port-Vendres qui, du moins, lui, est encore dans l'*amnios* où nagent les bourgades qui doivent devenir des villes, — a l'importance d'une forte position maritime et militaire. — Pris du café à la porte d'un cabaret, — joué avec les chiens et les ânes. Observé quelques jolis enfants en haillons qui nous regardaient avec les yeux lumineux et ronds de la surprise. — La côte plate, chargée de galets et sans grèves : — la mer sans grèves, c'est un lit sans tapis et un trône sans marches, c'est une Royauté de plain-pied avec tout le monde. — Tout B... tiendrait dans une coquille d'huître, à ce qu'il semble. — *Desnoiresterres* (m'ont-ils dit) a pu habiter là six mois. Il est vrai qu'il avait une emme avec lui dont il cachait le nom dans son nom. — Avec une femme (je le sais, moi, en ce moment!) toute terre ne devient pas belle, mais indiffférente! — Vu l'église, qui valait le voyage, même avec le vent, — ce vent qui rend fou! C'est une ancienne église Romane. (Le *memorandum* d'*à côté* dit assez comme j'aime, et pourquoi j'aime cette architecture.) — Petite, mutilée au dehors, et ra-

justée grossièrement avec des briques, elle
est, en dedans, de cette beauté barbare,
écrasée, mérovingienne, qui distingue les
monuments d'une époque où les Francs se
jetaient à plat ventre, eux et leurs framées,
devant la majesté de Dieu! Elle est sombre
et saisissante comme une crypte, très basse
de voûtes, mais des voûtes hardies en
s'abaissant comme d'autres en s'élevant, —
phénomène particulier de cette espèce d'architecture; — filtrant le jour par gouttes, à
travers des fenêtres étroites comme des
meurtrières, ornées de croisillons de fer. —
Ai remarqué les fonds en pierre, d'une belle
forme, dans leur naïve et rude nudité. — Enfin, ai reçu une très forte sensation de tout
cela.

J'ai vu aussi la mer en dehors du Môle (un
de ces soirs), qui valait la peine d'être vue, et
qui était non plus *eau de Golfe*, mais *eau de
Mer*, soulevée et panachant d'écumes les rochers de derrière le Môle. Nous nous étions
calfeutrés entre les brisants du pied de la
montagne du *Grand-Phare*, et nous avons
pu nous enivrer de ce bruit, — qu'on enten-

drait l'éternité sans dire : c'est trop ! et sans souhaiter que cela finisse, — et de ces écumes, qui poudraient la tête noire des rochers et venaient s'étaler, en tapis éclatants, sous nos pieds et à deux pouces de nos pieds ! — Le jour mourait avec une virginale pureté. — Il y avait de la houle au large, mais la mer déserte : pas de voiles, ni goélands, ni mouettes, ni oiseaux quelconques, — le vide bleu partout. — Ai voulu faire des vers et n'ai pas trop mal commencé :

Brisez-vous, comme un cœur se brise,
Aux pieds de celle-là qui peut briser les cœurs !

Mais ces *dames* ont voulu partir, et ma poésie s'est *brisée*. — J'ai sifflé et rappelé mon faucon avant qu'il soit monté dans la nue. . . . .

. . . .

. . . .

FIN

ACHEVÉ D'IMPRIMER

sur les presses de

A. LAHURE, IMPRIMEUR A PARIS

le 20 juin 1883

POUR

ÉD. ROUVEYRE ET G. BLOND

LIBRAIRES-ÉDITEURS

A PARIS

www.ingramcontent.com/pod-product-compliance
Ingram Content Group UK Ltd.
Pitfield, Milton Keynes, MK11 3LW, UK
UKHW022220120726
13694UKWH00002B/618